EINE KATHEDRALE IM MITTELALTER

Herausgeber der Reihe David Salariya
Design Carol Attwood
Beratung John Gillingham

Autorin:
Fiona Macdonald studierte Geschichte an den Universitäten von Cambridge und East Anglia. Sie unterrichtete Kinder, Erwachsene und Studenten. Außerdem schrieb sie viele Bücher zu geschichtlichen Themen, vor allem für Kinder.

Illustrator:
John James, 1959 in London geboren, studierte am Eastburne College of Art. Aus der Reihe **Innen – Außen** illustrierte er bislang *Ein Bahnhof im 19. Jahrhundert* und *Eine Pyramide in Ägypten.*

Berater:
John Gillingham studierte Geschichte an den Universitäten von Oxford und München. Seit 1966 lehrt er Geschichte an der London School of Economics and Political Science. Er veröffentlichte Bücher über Richard Löwenherz, das Angevinische Reich und die Rosenkriege. Außerdem schrieb und moderierte er eine Fernsehsendung über die Magna Carta.

Zuerst erschienen 1991 bei Simon & Schuster Young Books

Aus dem Englischen von Dr. Heike Renwrantz

ISBN 3-7886-0942-7

Satz: Alphabeta Gerds GmbH, Hamburg
Printed in Hong Kong bei Wing King Tong Co., Ltd.

Schwierige Begriffe werden im Glossar auf den Seiten 46 und 47 erklärt.

INNEN AUSSEN

EINE KATHEDRALE IM MITTELALTER

FIONA MACDONALD JOHN JAMES

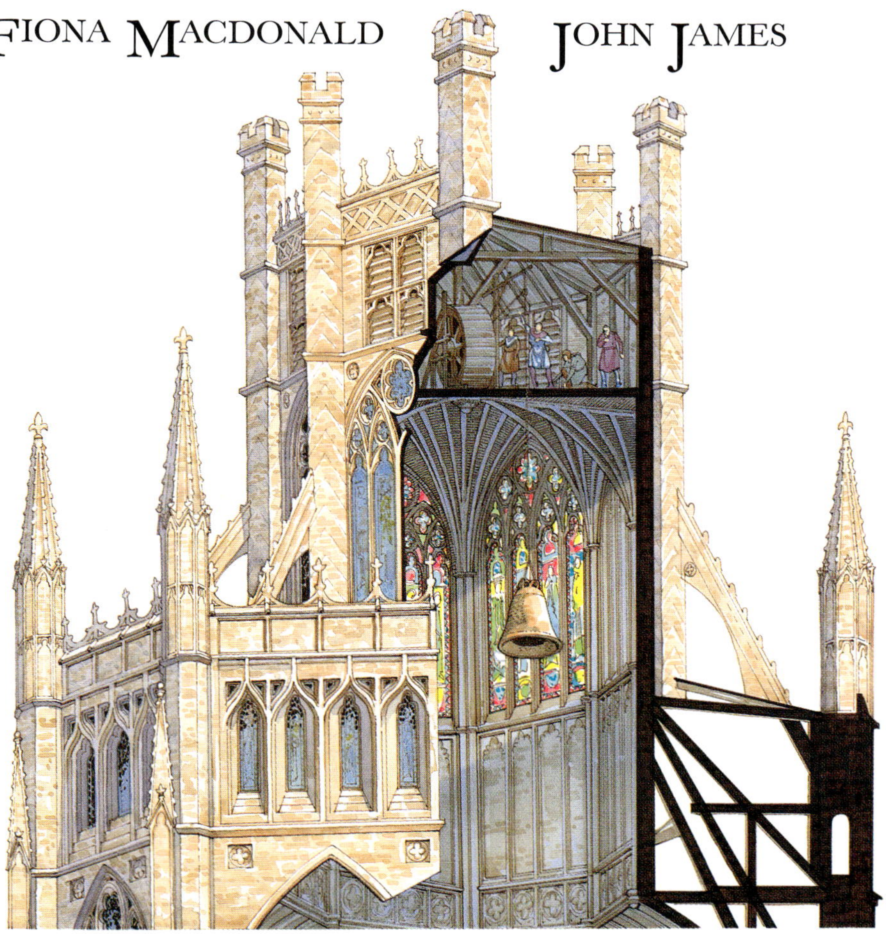

Tessloff

INHALT

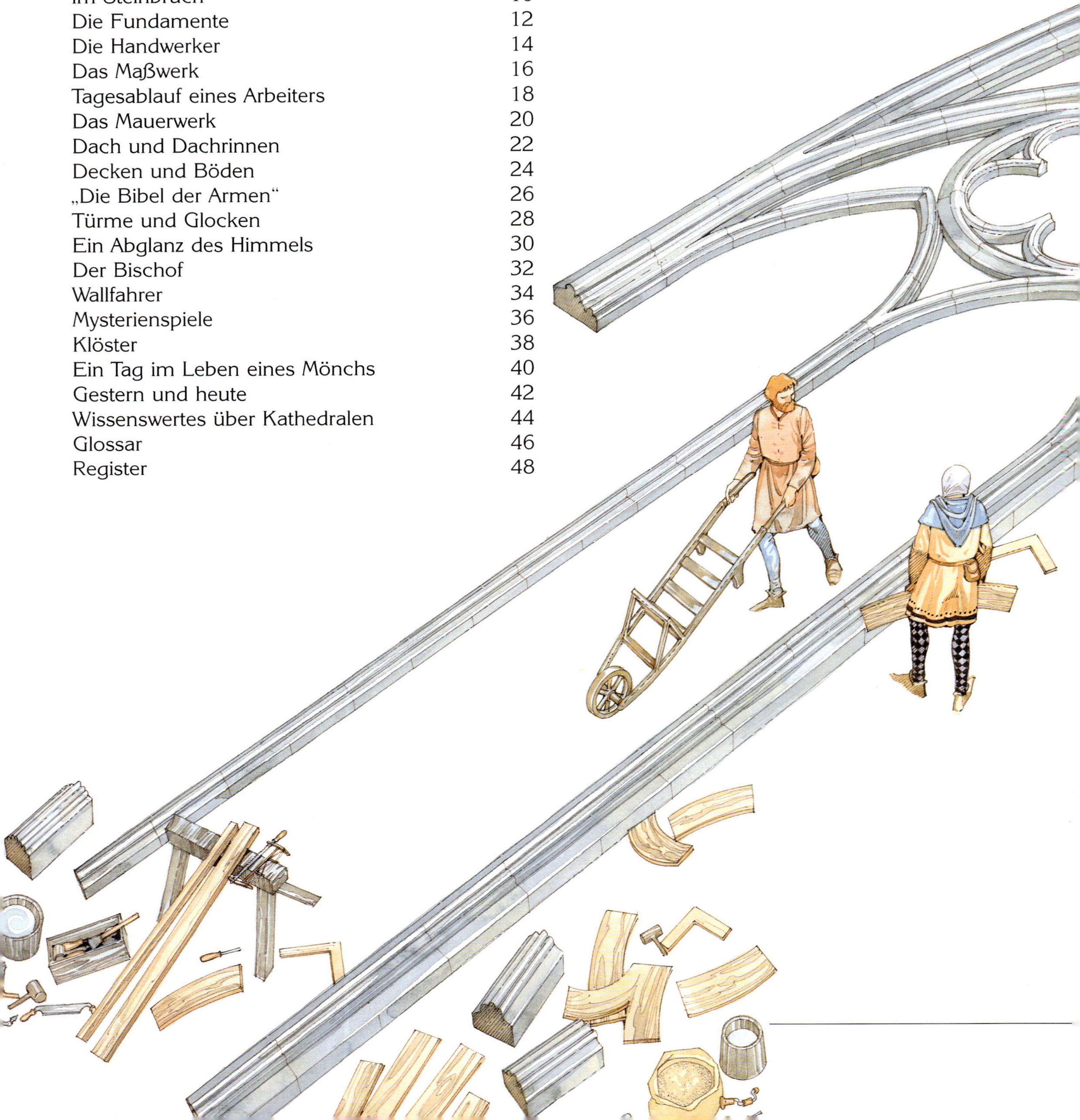

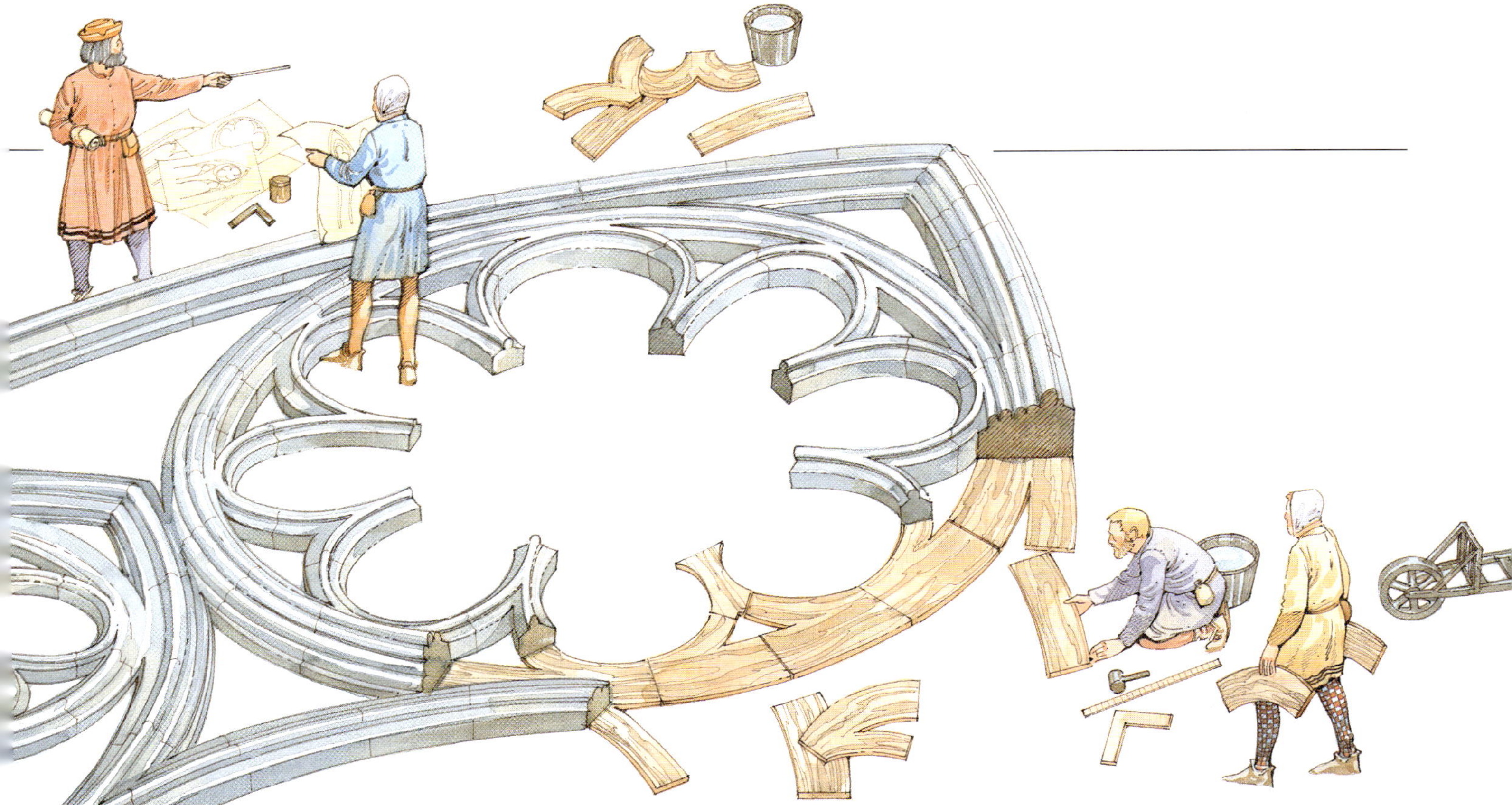

EINLEITUNG

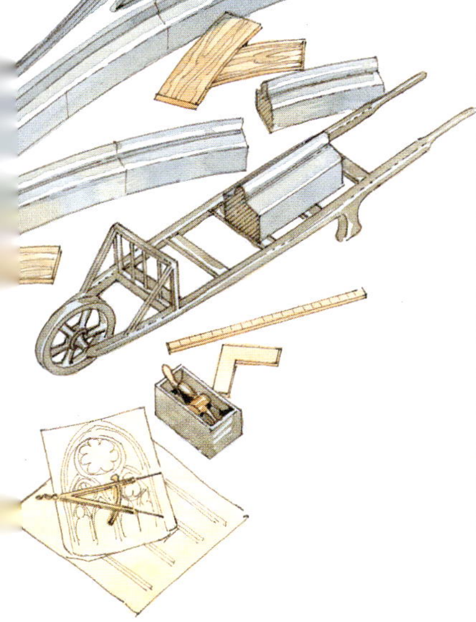

In vielen Orten Europas prägen mittelalterliche Kathedralen das Stadtbild. Diese „Gebete aus Stein“ haben die Jahrhunderte überdauert und beeindrucken uns durch ihre gewaltigen Ausmaße und ihre Schönheit. Wir bemühen uns zu verstehen, was diese riesigen Bischofskirchen uns über die Vergangenheit zu erzählen haben, und wir sorgen uns, wie wir sie vor dem Verfall und den Auswirkungen der Umweltverschmutzung bewahren können. Wir achten sie als geweihte Orte, an denen die Gläubigen zu Gott beten.

In Deutschland und Italien heißen diese gewaltigen Bauwerke nicht Kathedralen, sondern Dome. Man spricht vom Kölner Dom oder vom Mailänder Dom, wohingegen die Bischofskirchen von Chartres in Frankreich oder Canterbury in England Kathedralen genannt werden. Bisweilen wird auch der Begriff „Münster“ verwendet, beispielsweise beim Freiburger oder beim Straßburger Münster. In diesem Buch verwenden wir einheitlich das Wort Kathedrale.

Die Kathedralen, die wir zeigen, wurden fast alle im Mittelalter erbaut (etwa 550 bis 1450 n. Chr.), der Blütezeit der Kirchenbaukunst in Europa. Aber auch heute werden noch großartige Kathedralen errichtet, die von der Macht und Würde der Kirche zeugen.

WAHL DES BAUPLATZES

Im Mittelalter war – wie auch heute – das Abendland in Diözesen aufgeteilt; das sind Verwaltungsbereiche der Kirche. Jede Diözese wurde von einem Bischof geleitet, einem hohen Geistlichen. Die Bischöfe des Mittelalters gehörten meist dem Adel an. Viele von ihnen waren hochgebildete, tatkräftige Führungspersönlichkeiten, und nicht selten übten sie großen Einfluß auf die Regierung des Landes aus, zu dem ihre Diözese gehörte. Doch nicht alle Bischöfe versahen ihr geistliches Amt gewissenhaft – oft benutzten sie ihren Einfluß, um zu persönlicher Macht und privatem Reichtum zu kommen.

Die Hauptkirche eines Bischofs ist die Kathedrale. Der Bischofsthron, die Cathedra, ein prachtvoller, erhöhter Sitz im Kirchenraum, ist sichtbarer Ausdruck für die Macht der Kirche. Beim Gottesdienst hat hier der Bischof seinen Platz.

Die Bischöfe des Mittelalters ließen ihre Kathedralen in bedeutenden Städten ihrer Diözese erbauen, oft an einer Stelle, an der in früheren Zeiten bereits eine Kirche gestanden hatte – vor allem, wenn diese im Besitz von Reliquien war oder wenn ein Heiliger sie gegründet hatte. Das Geld für den Bau der Kathedrale wurde häufig durch den sogenannten Ablaß eingebracht: Gläubige verrichteten gute Werke oder entrichteten eine bestimmte Summe Geld, um sich so von ihren Sünden freizukaufen. Ab dem späten Mittelalter wurde ein regelrechter Handel mit dem Ablaß betrieben.

Bischöfe baten Könige, Prinzen und Fürsten um Land und Geld, damit sie den Bau ihrer Kathedralen finanzieren konnten.

Bau und Instandhaltung einer Kathedrale waren sehr teuer. Besonders die Dachreparaturen verschlangen viel Geld.

Viele Kathedralen wurden an einer Stelle erbaut, an der früher schon einmal eine Kirche gestanden hatte. Sie nahmen allerdings weit mehr Platz ein. Im Laufe der Zeit erbauten die Bischöfe großartige Gebäude für die Geistlichen. Manchmal ließen sie zu diesem Zweck bestehende Häuser oder Läden abreißen. Das führte häufig zu Streitigkeiten zwischen dem Bischof und der Bevölkerung.

Anfänge und Entwicklung der Kathedralenbaukunst: Römische Basilika (2. Jahrhundert).

Kapelle (Gebetshaus) aus Holz mit schlichtem Portal und einfachen Fenstern (frühes 7. Jahrhundert).

Steinkirche mit Rundbogenfenstern und -türen sowie einem Choranbau (7. Jahrhundert).

Größere Steinkirche mit halbrundem Choranbau und Vorraum (Wikingerzeit, um 780).

Vorbereitung des Bauplatzes für eine neue Kathedrale.

Bischofsthron (Cathedra), um 1200 für die Kathedrale von Canterbury, England, als Ersatz für einen älteren gebaut.

DER AUFBAU EINER KATHEDRALE

Das Mittelalter war die große Zeit des Kathedralenbaus in Europa. In den folgenden Jahrhunderten, als das Christentum sich auch außerhalb der Alten Welt immer weiter verbreitete, entstanden dort ebenfalls prachtvolle Bischofskirchen, die in den meisten Ländern Kathedralen genannt wurden.

In den Grundzügen war ihre Gestaltung immer und überall gleich; ein Geistlicher beschrieb sie im 5. Jahrhundert so: „Im Osten sei ein Thron, links und rechts Plätze für die Priester [...]. Dort sollte auch der Altar sein.“ Diesem architektonischen Kern des Bauwerks – der Bischofsthron, die Sitze für die Priesterschaft (später „Chor“ genannt) und der Altar, an dem der Bischof und die Priester die Messe zelebrierten – wurden später weitere Bauelemente hinzugefügt: ein Kirchenschiff, in dem das Volk während der Gottesdienste stand, Kapellen für die Reliquien der Heiligen, ein Altar für die Jungfrau Maria und Türme für die Glocken. In der Nachbarschaft vieler Kathedralen gründete man Klöster, und für den Bischof wurde ein repräsentativer Palast erbaut.

Trotz des immer gleichen Grundmusters konnten Kathedralen sehr unterschiedlich aussehen – das hing ab von dem Baustil, der gerade „in Mode“ war, von den Ideen des Architekten und dem Geschmack derjenigen, die für die Baukosten aufkamen. Dieses Buch zeigt viele verschiedene Beispiele für die Kathedralenbaukunst.

Erklärungen

1. Seitenschiff. Rechts und links des Mittelschiffs verläuft je ein Seitenschiff.

2. Arkade. Reihe von Bögen, die auf Pfeilern ruhen.

3. Strebepfeiler. Stützkonstruktion, die verhindert, daß sich das Mauerwerk unter dem Gewicht des Daches nach außen wölbt. Strebepfeiler und Strebebogen gehören zum Strebewerk.

4. Glockenturm. Er befindet sich fast immer an der Westseite der Kathedrale. Das Glockengeläut ruft die Gläubigen zum Gottesdienst.

5. Lichtgaden. Fensterzone in der Mittelschiffwand, welche die Seitenschiffe überragt. Durch sie fällt zusätzliches Licht in die Kathedrale.

6. Chor. Das Allerheiligste im östlichen Teil der Kathedrale, meist den Geistlichen vorbehalten. Hier befinden sich der Altar und das Chorgestühl.

7. Strebebogen. Bogenförmige Verbindung zwischen Wand und Strebepfeiler.

8. Fundament. Eine starke Platte, die tief unter der Erde auf tragfähigem Untergrund liegt, trägt das Gebäude.

9. Mittelschiff. Hier findet sich die Gemeinde zum Gebet oder Gottesdienst ein.

10. Paradies. Überdachter Eingangsbereich, Vorhalle.

11. Dach. Eine Holzkonstruktion trägt das Dach aus Blei (manchmal auch aus Ziegeln oder Schiefer).

12. Fensterrose. Großes, kreisrundes Fenster aus leuchtend farbigem Glas. Die Fensterrose steht für die Sonne und damit für Jesus oder Maria.

13. Turmhelm. Die Turmspitze, nicht bei allen Kathedralen vorhanden. Die Holzkonstruktion ist mit Blei oder Holzschindeln eingedeckt. Auf dem Turmhelm thront oft eine goldene Wetterfahne oder ein Wetterhahn, oft auch ein Kreuz.

14. Querschiff. Ein Querbau, der das Langhaus (Mittel- und Seitenschiffe) kreuzt. Es verleiht der Kathedrale die Form eines Kreuzes und beherbergt häufig die Sakristei und die Kapellen, die Heiligen geweiht sind.

15. Gewölbe. Die Decke der Kathedrale. Wenn sie nach oben blicken, sehen die Gläubigen die oft reich verzierten Deckengewölbe über ihnen.

13
11
6
15
2
1
4
12
9
3
8

IM STEINBRUCH

In der Frühzeit des Christentums errichteten die Gläubigen ihre Kirchen aus Holz oder einem anderen billigen Material, das ihnen dort, wo sie lebten, zur Verfügung stand. Mit der Zeit folgten mehr und mehr Menschen der christlichen Lehre (soweit sie sie überhaupt verstehen konnten, denn Gottesdienste wurden in Latein abgehalten). Macht und Wohlstand der Kirche wuchsen, und die Gotteshäuser wurden immer zahlreicher und prächtiger. Man verwendete das beste, dauerhafteste Material, das zu beschaffen war. Wenn irgend möglich, baute man nun die Kirchen aus Stein.

Steinbrocken wurden in Handarbeit aus dem Steinbruch herausgehauen und mit Kränen und Flaschenzügen, die mit reiner Muskelkraft von Menschen oder Tieren betrieben wurden, mühsam nach oben geschafft. Die Arbeit im Steinbruch war schwer und gefährlich. Der Staub und die Feuchtigkeit machten die Arbeiter krank, und viele erlitten bei Steinschlag und Felsrutschen grauenvolle Verletzungen. Trotz dieser Risiken bekamen sie nur einen armseligen Lohn.

Der am besten für den Bau geeignete Stein kam aus Frankreich. Er war sehr teuer, vor allem weil der Transport zur Baustelle hohe Kosten verursachte. Im Jahr 1287 bestellten die Erbauer der Kathedrale von

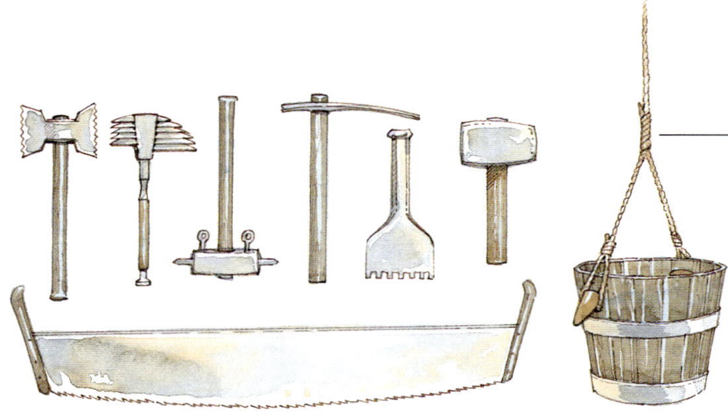

Steinmetzwerkzeuge (von links nach rechts): zwei Flächeneisen, Lehre, Spitzhacke, Breiteisen, Fäustel, Steinsäge, Eimer zum Auf- und Abseilen.

Norwich in England eine Ladung Stein aus Caen in Nordfrankreich, das 480 Kilometer entfernt jenseits des Ärmelkanals liegt. Der Stein selbst kostete etwa anderthalb Pfund Sterling, während die Verlade- und Transportkosten knapp über drei Pfund betrugen – das ist ungefähr das Doppelte!

Zu vielen Steinbrüchen gehörte eine Schmiede (unten links). Dort wurden die eisernen Werkzeuge hergestellt, repariert und geschärft, mit denen man den Stein heraushaute und bearbeitete.

Steinmetze arbeiteten **in einfachen Hütten,** in denen sie vor Regen, Wind und Sonne geschützt waren. Dort konnten sie sich auch ausruhen und sich mit anderen Arbeitern treffen.

Im Steinbruch war es sehr gefährlich. Die Arbeiter kletterten über Holzgerüste und -leitern zu ihrem Arbeitsplatz hinunter. Durch Wassereinbrüche und Felsrutsche kam es oft zu Unfällen.

Das Behauen eines Steinblocks (oben). Zuerst wurde der Block grob zurechtgesägt – eine harte, kräftezehrende Arbeit.
Dann schlug der Steinmetz mit dem Fäustel und einem speziellen Meißel Reihen von Löchern in den Block (oben links).
Nun wurde ein **Spezialwerkzeug** (unten Mitte) angesetzt und in den Stein geschlagen, so daß dieser sauber gespalten wurde (links).
Schließlich verrichtete der Steinmetz die Feinarbeit mit dem Meißel und einem leichteren Fäustel.

DIE FUNDAMENTE

Neben Stein spielte im Mittelalter auch Holz eine wichtige Rolle als Baumaterial. Das beste Bauholz lieferte die Eiche – es sieht wunderschön aus, ist sehr stabil und kann Jahrhunderte schadlos überdauern. Wie guter Baustein war auch Holz teuer, vor allem im Transport. Deshalb schaffte man es, wenn irgend möglich, auf dem Wasserwege zur Baustelle – das Verschiffen war im Mittelalter die einfachste und billigste Methode, schwere Ladungen von einem Ort zum anderen zu bringen. Gab es keinen schiffbaren Wasserweg in der Nähe, mußte man das Holz auf Ochsen- oder Pferdekarren laden und über holprige Straßen zum nächsten Hafen transportieren.

Leichteres, weniger widerstandsfähiges Holz wie das der Kiefer oder der Esche diente zum Bau von Gerüsten, Leitern und vielerlei Hebevorrichtungen, die man auf der Baustelle einer großen Kathedrale benötigte.

Während das Holz und der Stein ausgewählt und zur Baustelle transportiert wurden, waren Bauarbeiter damit beschäftigt, die Fundamente auszuheben. Es konnte Jahrhunderte dauern, bis eine Kathedrale wirklich fertig war – der Gesamtentwurf aber stand in den meisten Fällen von Anfang an fest.

Mit Seilen und Holzpflöcken wurde die Lage der Fundamente bestimmt. Die Seile dienten später den Arbeitern, die den Boden für die Fundamente aushoben, als Leitlinien.

Im Mittelalter hatten die Bauleute noch keine modernen Vermessungsinstrumente. Gerade Linien und rechte Winkel zogen sie mit Hilfe eines einfachen Meßwinkels.

Kalkstein war im Mittelalter das beliebteste Steinmaterial zum Bauen, weil er leicht zu bearbeiten war.

Grundriß einer typischen mittelalterlichen Kathedrale (rechts). Er zeigt Mauern und Fenster sowie die Pfeiler, die das Dach tragen. An der Westseite sieht man eine Vorhalle, das Paradies, an der Ostseite die halbrunde Apsis.
Das einfache Volk stand oder kniete im Mittelschiff, die Geistlichkeit im Chor, wo sich der Altar befand. Das Querschiff beherbergte Kapellen für Andachten, und über der Vierung erhebt sich der sogenannte Vierungsturm.
Tief in den Boden reichende Fundamente waren nötig, um die gewaltige Last des Gebäudes zu tragen.

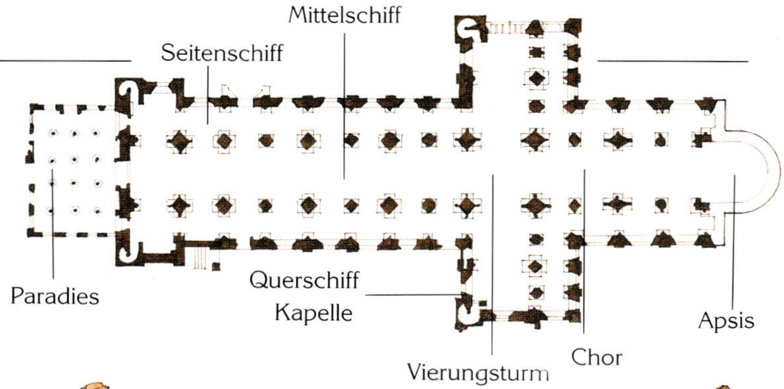

Tausende von Bäumen mußten für den Bau einer einzigen Kathedrale gefällt werden. Die Eiche lieferte das beste und widerstandsfähigste Bauholz, doch bereits im 13. Jahrhundert war Eichenholz knapp und teuer geworden. In Frankreich klagte die Bevölkerung schon damals über die Rodung großer Eichenwälder, die zu Bauholz verarbeitet wurden.

Manche Kathedralen hatten einen unterirdischen Raum, Krypta genannt, wo Heilige, Könige oder Märtyrer zur letzten Ruhe gebettet wurden. Noch heute kann man viele solcher Krypten besichtigen.

DIE HANDWERKER

Der Baumeister und der Maurermeister planten und überwachten die Bauarbeiten.

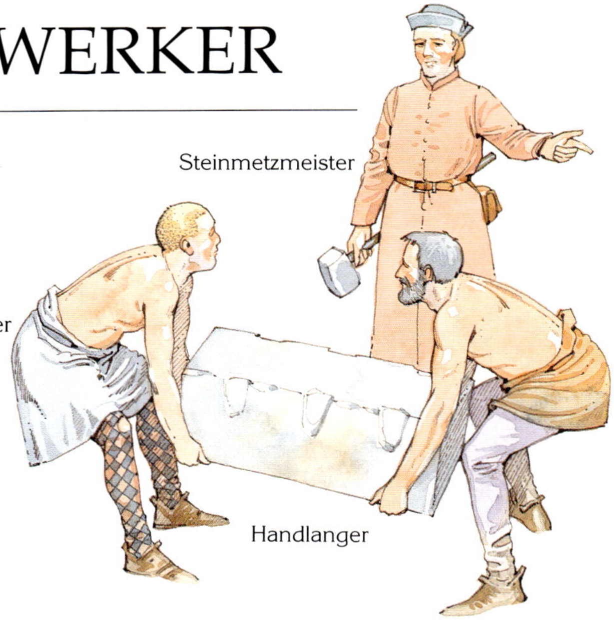

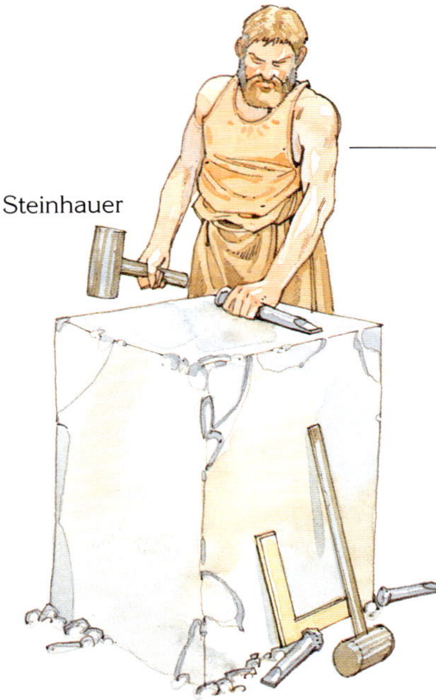

Handlanger schleppten die Steine von Ochsenkarren und Lastkähnen zur Baustelle.

Der Steinmetzmeister wählte die Blöcke für den jeweiligen Bauabschnitt aus.

Die Steinhauer erledigten die Rohbearbeitung der Steinblöcke.

Die Kathedralen des Mittelalters, vor Jahrhunderten errichtet, gehören nach wie vor zu den größten Bauwerken überhaupt und überragen selbst heute noch die meisten Gebäude um sie herum. Mit wenigen Ausnahmen haben ihre Mauern, Türme und Fundamente die Zeiten überdauert. Ihre Schönheit, ihre prachtvolle Würde und der Ideenreichtum ihrer Erbauer erstaunen und begeistern uns auch heute noch.

Die Architekten, welche die Baupläne für die Kathedralen entwarfen und den Bau leiteten, wurden Baumeister genannt. Frauen konnten sich im Mittelalter noch nicht zu Baumeistern ausbilden lassen oder auf Bauplätzen arbeiten. Die Baumeister waren erfahrene Fachleute, und wenn sie sich einmal einen Namen gemacht hatten, war ihr Können in allen Ländern Europas sehr gefragt.

Die Steinmetze arbeiteten die feinen und komplizierten Formen heraus, die man für Fensterrahmen, Torbögen und Arkaden brauchte.

Die Zimmerleute bauten die stabilen Holzgerüste, die Fenster und Bögen abstützen mußten, bis sie fertig waren. Die meisten Kathedralen hatten Holzdächer; die Tragbalken und das Sparrenwerk waren aus massiver Eiche.

Bildhauer, das waren besonders begabte Steinmetze, schufen Statuen von Heiligen und biblischen Gestalten.

Steine wurden mit **Mörtel verbunden,** einem Gemisch aus Sand, Ätzkalk und Wasser. Zum Vermengen der verschiedenen Bestandteile benutzte man eine Holzschaufel.

Der Baumeister Raymond beispielsweise vereinbarte im Jahre 1129 in England sein Honorar mit dem Erzbischof. Jedes Jahr standen ihm sechs Silbertaler zu, dazu sechsunddreißig Tuchbahnen, siebzehn Fuhren Holz, so viele Schuhe und Gamaschen, wie er brauchte, außerdem monatlich zwei Schillinge, etwas Salz und ein Pfund Kerzenwachs – damals ein kostspieliger Luxus.

Auch die Handwerker wurden gut bezahlt, waren sie nun Maurer, Steinmetze, Zimmerleute, Schmiede, Dachdecker oder Glaser. Anfang des 14. Jahrhunderts verdiente ein Maurermeister in England etwa 20 Pence, doppelt soviel wie ein Landarbeiter. Bauhilfsarbeiter und ungelernte Handlanger machten die schwere Arbeit auf der Baustelle, und Lehrlinge lernten dort ihr jeweiliges Handwerk.

Der Dachdecker sorgte dafür, daß das Dach regendicht mit Platten aus Walzblei eingedeckt wurde.

Der Schmied reparierte und schärfte die Werkzeuge; er formte aber auch dekorative Gitter und Eisenverzierungen.

Der Glasbläser fertigte das Glas für die Fenster der Kathedrale an.

Der Glaser war für den Entwurf und die Herstellung der farbigen Glasfenster verantwortlich.

DAS MASSWERK

Nach der Gründung der Fundamente planten der Baumeister und die Steinmetze die Ausführung der Mauern und der Fenster. Mauerwerk, Pfeiler und Fenster hatten eine doppelte Aufgabe: Sie mußten stabil genug sein, um das Dach zu tragen, und sie mußten schön sein. Der Baumeister skizzierte seine Ideen, wahrscheinlich auf Pergament, und übernahm dabei möglicherweise Bauelemente, die er an anderen Kathedralen gesehen hatte. Dann übertrug er seine Zeichnungen in Originalgröße auf den mit einer dünnen Gipsschicht versehenen Boden eines großen, überdachten Werkraums, wo sie den Steinmetzen und Maurern als Vorlage für ihre Ornamente aus Stein – Maßwerk genannt – dienten. Dieser Werkraum hieß Bauhütte, und mit diesem Namen bezeichnete man bald die Gesamtheit der Werkstätten bei der Baustelle einer Kathedrale.

Für die komplizierteren Abschnitte des Maßwerks, das ab dem 13. Jahrhundert im Kathedralenbau eine wichtige Rolle spielte, fertigten die Steinmetze zuerst Schablonen aus Holz an. Diese konnte man problemlos so lange zurechtsägen, bis sie genau zusammenpaßten und das gewünschte Ornament ergaben. Die geschicktesten Steinmetze behielten sich die schwierigsten und feinsten Arbeiten am Maßwerk vor, während die einfacheren Teile der Fenster und Bögen von Lehr-

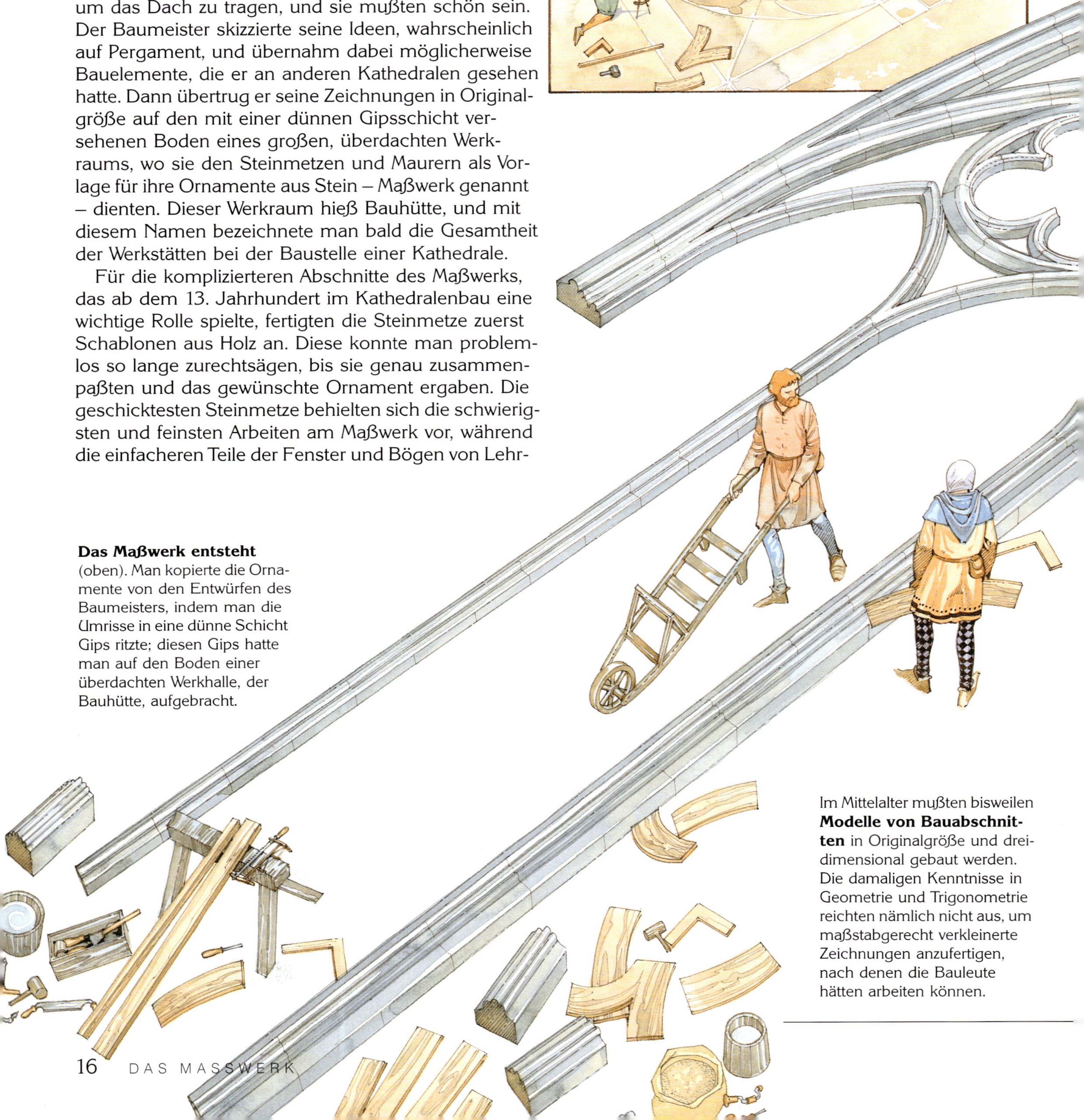

Das Maßwerk entsteht (oben). Man kopierte die Ornamente von den Entwürfen des Baumeisters, indem man die Umrisse in eine dünne Schicht Gips ritzte; diesen Gips hatte man auf den Boden einer überdachten Werkhalle, der Bauhütte, aufgebracht.

Im Mittelalter mußten bisweilen **Modelle von Bauabschnitten** in Originalgröße und dreidimensional gebaut werden. Die damaligen Kenntnisse in Geometrie und Trigonometrie reichten nämlich nicht aus, um maßstabgerecht verkleinerte Zeichnungen anzufertigen, nach denen die Bauleute hätten arbeiten können.

Der Baumeister verglich das fertige Maßwerk mit seinen Entwürfen (links). In York Minster in England existieren noch Überreste der Bauhütte mit den Entwürfen auf dem Boden und sogar die vollständigen Vorgaben des Baumeisters.

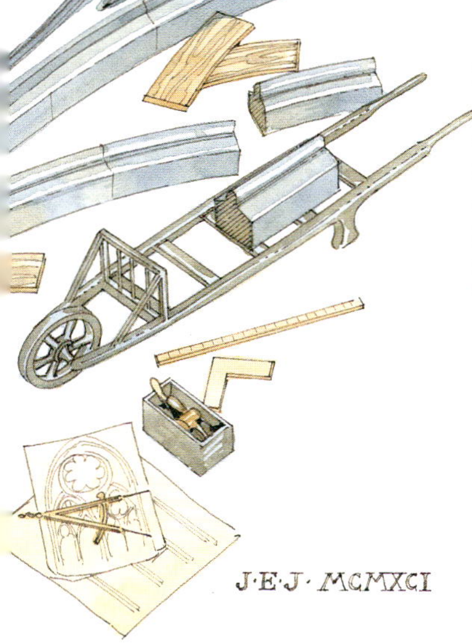

Baumeister und Maurermeister waren hochgeachtet und wurden an den Königshöfen empfangen. Sie schrieben und empfingen Briefe, besaßen Häuser und eigene Steinbrüche und erhielten nach ihrem Tod stattliche Grabmäler.

lingen und weniger erfahrenen Handwerkern ausgeführt wurden. Waren die Einzelteile eines Maßwerks fertig, wurden sie an ihren Platz gesetzt und durch eine Mörtelschicht mit ihren Nachbarteilen verbunden. Wenn der Mörtel – eine Mischung aus Wasser, Sand und Ätzkalk – aushärtete, waren die Steine fest und dauerhaft miteinander verbunden.

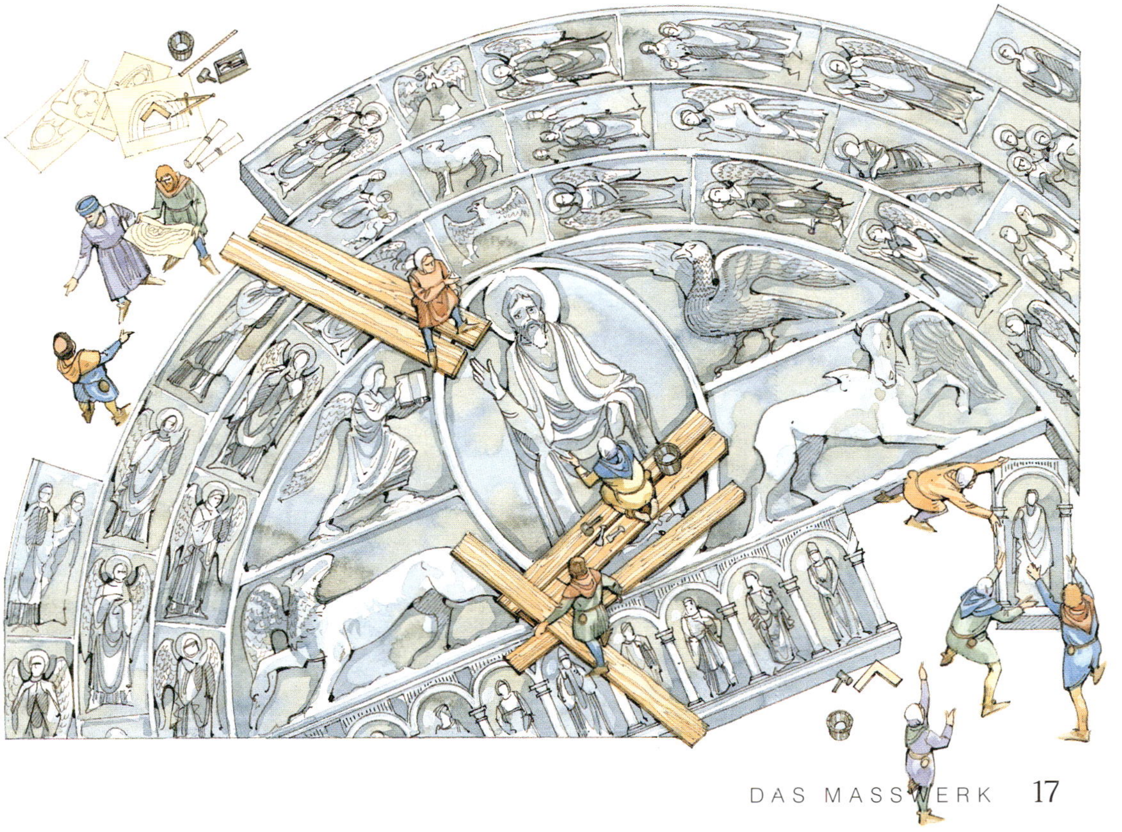

Fein herausgearbeitete Reliefs wie die des Tympanons (rechts) wurden in der Bauhütte entworfen und ausgeführt. Erfahrene Steinmetze und Bildhauer gestalteten die einzelnen Felder, die dann zu einem Bogenfeld über der Tür zusammengesetzt wurden.

TAGESABLAUF EINES ARBEITERS

6 Uhr Noch dunkel. Der Zimmermann steht auf, wäscht sich und zieht sich an.

6.30 Uhr Frühstück mit der Familie: Brot, Butter, Käse, Milch, Bier oder Apfelwein.

7 Uhr Sonnenaufgang. Auf dem Weg zum Kathedralenbauplatz in der Stadt.

7.30 Uhr Er nimmt die Anordnungen des Zimmermeisters entgegen: Holz holen.

9 Uhr Rückkehr vom Holzlagerplatz mit einem Eichenbalken.

10 Uhr Mittagessen: Fleischkäse, Pfannkuchen und Bier aus der Küche des Kochs.

10.30 Uhr Wieder bei der Arbeit: Er hobelt Holz für einen Türrahmen.

14 Uhr Der Zimmermann hilft dabei, fertige Bänke in den Chor zu transportieren. Sie wurden in einer Werkstatt bei der Baustelle gebaut und geschnitzt.

16 Uhr Der Stifter des Chorgestühls dankt den Handwerkern für ihre Arbeit.

18 Uhr Abenddämmerung. Der Zimmermann schließt sein Werkzeug in der Werkstatt ein.

18.30 Uhr Abendessen zu Hause: Erbsensuppe, Brot, Bier. Er hält ein Schwätzchen mit der Familie.

19.30 Uhr Tumult vor der Haustür: Einbruch im Nachbarhaus. Es wurde Stoff und Zinngeschirr gestohlen. Alle laufen hinaus und versuchen, die Diebe zu fangen, aber diese entkommen durch eine dunkle Gasse.

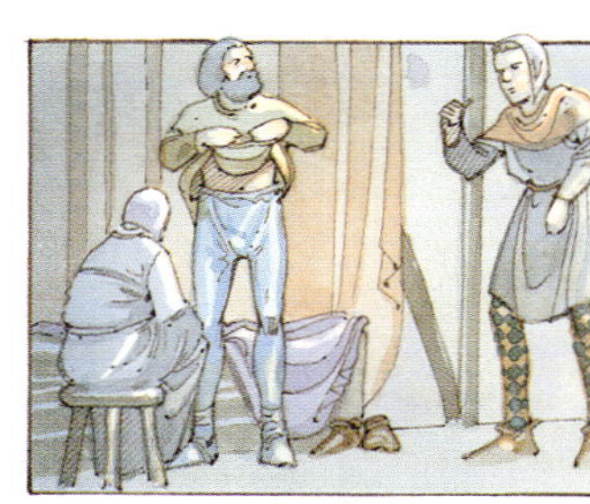

21.30 Uhr Der Nachbar erzählt, daß ein Nachtwächter die Diebe bei einem Einbruch auf frischer Tat ertappt hat.

des Meisters, der sie ausbildete – dafür mußten sie ihm bei der Arbeit helfen. War die Lehrzeit vorüber, gingen sie auf Wanderschaft. In verschiedenen Orten arbeiteten die jungen Handwerker dann tageweise, oder sie wurden für die Ausführung eines bestimmten Auftrages beschäftigt. Nur die besten von ihnen konnten später Meister werden, deren Arbeit man überall schätzte und bewunderte.

Der Bau einer Kathedrale konnte sich über Jahrhunderte hinziehen, und ganze Scharen von Handwerkern ließen sich in der Stadt nieder, in der sich die Baustelle befand. Sie wußten: In der Bauhütte gab es immer Arbeit für sie und vielleicht sogar noch für ihre Kinder und Enkel.

Im Mittelalter arbeitete man von Sonnenaufgang bis Sonnenuntergang; das bedeutet, daß der Arbeitstag im Sommer länger war als im Winter. Im Vergleich zu heute hatten die Arbeiter jedoch mehr freie Tage, weil es eine Fülle von kirchlichen Feiertagen und Volksfesten gab.

Nicht alle Handwerker arbeiteten hart. Häufig beklagten sich die Vorarbeiter über faule und schwänzende Arbeiter. Die in der Bauhütte Beschäftigten hatten unterschiedliche Aufgaben, entsprechend ihrer Ausbildung.

Auf der untersten Stufe standen die ungelernten Arbeiter; sie führten die körperlich schweren, schmutzigen Arbeiten aus. Mehr Ansehen genossen die Lehrlinge, Jungen, die ein Handwerk erlernten. Sie lebten im Haus

Die Frau des Zimmermanns arbeitet ebenfalls den ganzen Tag. Sie kocht, macht sauber, wäscht, kauft ein, flickt Wäsche und verarbeitet Flachsfasern zu Leinengarn.

DAS MAUERWERK

Wände und Pfeiler einer Kathedrale umschließen oft einen Innenraum von mehreren hundert Quadratmetern. Weil das Baumaterial Stein war, wirkt das Mauerwerk massiver, als es wirklich ist. Im allgemeinen wurden Wände und Pfeiler aus zwei Schichten aufgebaut: einer äußeren Schale aus sauber behauenen und sorgfältig zusammengefügten Steinblöcken, den Quadersteinen, und einer Füllung aus Bruchsteinen, Schotter und Mörtel. Erfahrene Steinmetzmeister behauten die Quadersteine für die äußere Schale, die aus zwei parallelen Steinwänden bestand. Häufig meißelten sie ihre persönliche Signatur in die einzelnen Steine. Fahrende Handwerker, die sich auf der Wanderschaft befanden, und Handlanger füllten dann den Zwischenraum im Mauerwerk aus.

Obwohl jede Kathedrale im wesentlichen dieselben Elemente des Grundrisses aufweist, wandelten sich Gestaltung und Ausschmückung im Laufe der Jahrhunderte beträchtlich. Die ältesten erhaltenen Kathedralen stammen aus dem 10. bis 12. Jahrhundert. Ihre Pfeiler sind massiv und gedrungen, die Gewölbe wuchtig, und es herrschen Rundbogen vor. Man nennt diese Bauweise „romanischer Stil". Das kunstvoll ausgearbeitete Tympanon (Bogenfeld über einer Tür) auf Seite 17 unten ist ein Beispiel dafür. Einer der bedeutendsten europäischen Kirchenbauten der Romanik ist der Speyerer Dom.

Die Kathedralen des 12. bis 15. Jahrhunderts sind im „gotischen Stil" errichtet: Schlanke, emporstrebende Pfeiler, Spitzbogen, das Maßwerk und extrem hohe Innenräume erwecken einen Eindruck von Leichtigkeit, wie das Beispiel der Kathedrale von Chartres in Frankreich (rechts) zeigt.

Eine bebilderte oder „illuminierte" Handschrift aus dem 13. Jahrhundert zeigt Maurer und andere Handwerker bei der Arbeit (kleines Bild rechts). Der Mann links legt eine Wasserwaage mit einem Senkblei an. Unter ihm zieht ein anderer mit einem Flaschenzug einen Korb mit Steinen nach oben.
Oben in der Mitte prüft ein Maurer mit Hilfe eines Lots, ob ein soeben eingesetzter Stein richtig liegt; zu seinen Füßen ein Gefäß mit Mörtel. Unter ihm bearbeitet ein Steinmetz das Kapitell eines Pfeilers. Der Gerüstbauer auf der Leiter bohrt ein Loch in einen Stützbalken. Unter ihm behaut ein Zimmermann einen Tragbalken.

Der Gerüstbau, erfunden im Mittelalter, hatte eine so große Bedeutung, daß die Gerüste gleichzeitig mit dem Bauwerk entworfen wurden.

Diese Szene ist auf einem Glasfenster des 13. Jahrhunderts abgebildet (kleines Bild ganz rechts). Der Mann rechts schützt seine linke Hand, in der er den Meißel hält, mit einem Handschuh.
Die Zirkel und die Schablonen der Steinmetze, die sie bei komplizierten Formen benutzen, hängen über den Köpfen der Männer. Die Meßwinkel liegen am Boden.

DACH UND DACHRINNEN

Sobald ein Bauabschnitt fertiggestellt war, mußte das Dach daraufgesetzt werden. Die Dachkonstruktion bestand, wie bei den meisten Häusern von heute auch, aus Holz. Nachdem die ersten schweren Balken mühevoll nach oben transportiert worden waren, konnte man das restliche Bauholz, die Sparren und die Dachlatten, auf denen später die Deckung angebracht wurde, mit Hilfe von Winden hochziehen.

Fast alle Kathedralen wurden mit Blei- oder Kupferplatten gedeckt. Nur in Ausnahmefällen wurde anderes Material verwendet: Das besonders flache Dach des Mailänder Doms beispielsweise wurde mit Marmor gedeckt, der natürlich sehr schwer war. Manchmal wurden auch Tonziegel, Holzschindeln oder Schiefer verwendet.

Meist kamen jedoch Bleiplatten zum Einsatz, die, ebenso wie die Dachrinnen und Abflußrohre, eigens von den Bleiarbeitern gegossen, ausgewalzt und zusammengelötet wurden und einen besonders guten Wetterschutz boten.

Die Architekten planten stets besondere Treppen und Gänge zum Dach ein, über die man schnell hinaufgelangen konnte, um einen Brand zu löschen. Funkenflug von benachbarten Häusern, unbewachte Kerzen oder aber ein Blitzschlag lösten recht häufig Brände in den Dachstühlen aus, und die Löscharbeiten waren in solchen Fällen durch die schwindelerregende Höhe überaus kompliziert.

Ritzen zwischen Dach und Mauerwerk wurden mit Bleistreifen abgedichtet. Die Kanten bog man um, so daß eine Regenrinne entstand.

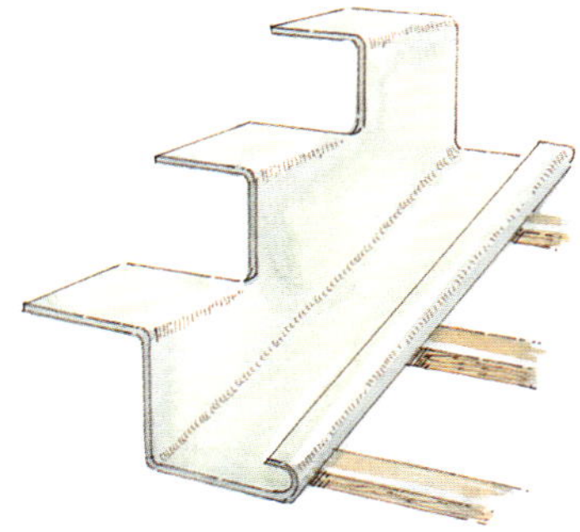

Bleiarbeiter bei der Arbeit (rechts und kleines Bild rechts außen): Ein Bleibarren wurde in einem Kessel erhitzt, bis er schmolz. Das flüssige Blei goß man dann in ein mit Sand gefülltes Gießbett und ließ es abkühlen und erstarren. Die fertigen Stücke waren etwa einen Meter breit und mehrere Meter lang. Sie wogen zwar schwer, aber sie waren biegsam und leicht zu verarbeiten. Man konnte sie zusammenlöten oder um einen Holzpfahl biegen, so daß Dachrinnen und Abflußrohre entstanden.

Die Dachrinnen dienten der Ableitung des Regenwassers vom hohen Dach der Kathedrale. Häufig waren sie in den Strebebögen verborgen (rechts). Durch Wasserspeier (rechts daneben) wurde das Regenwasser in weitem Bogen zur Erde geleitet, so daß es die Wände nicht berührte. Die Steinmetze gestalteten sie meist als Ungeheuer, denen sie nicht selten die Gesichtszüge eines Bischofs oder eines Kollegen gaben.

Blei war schwer und teuer, aber absolut wasserdicht – und es brannte nicht. Deshalb bevorzugte man im Mittelalter dieses Material.

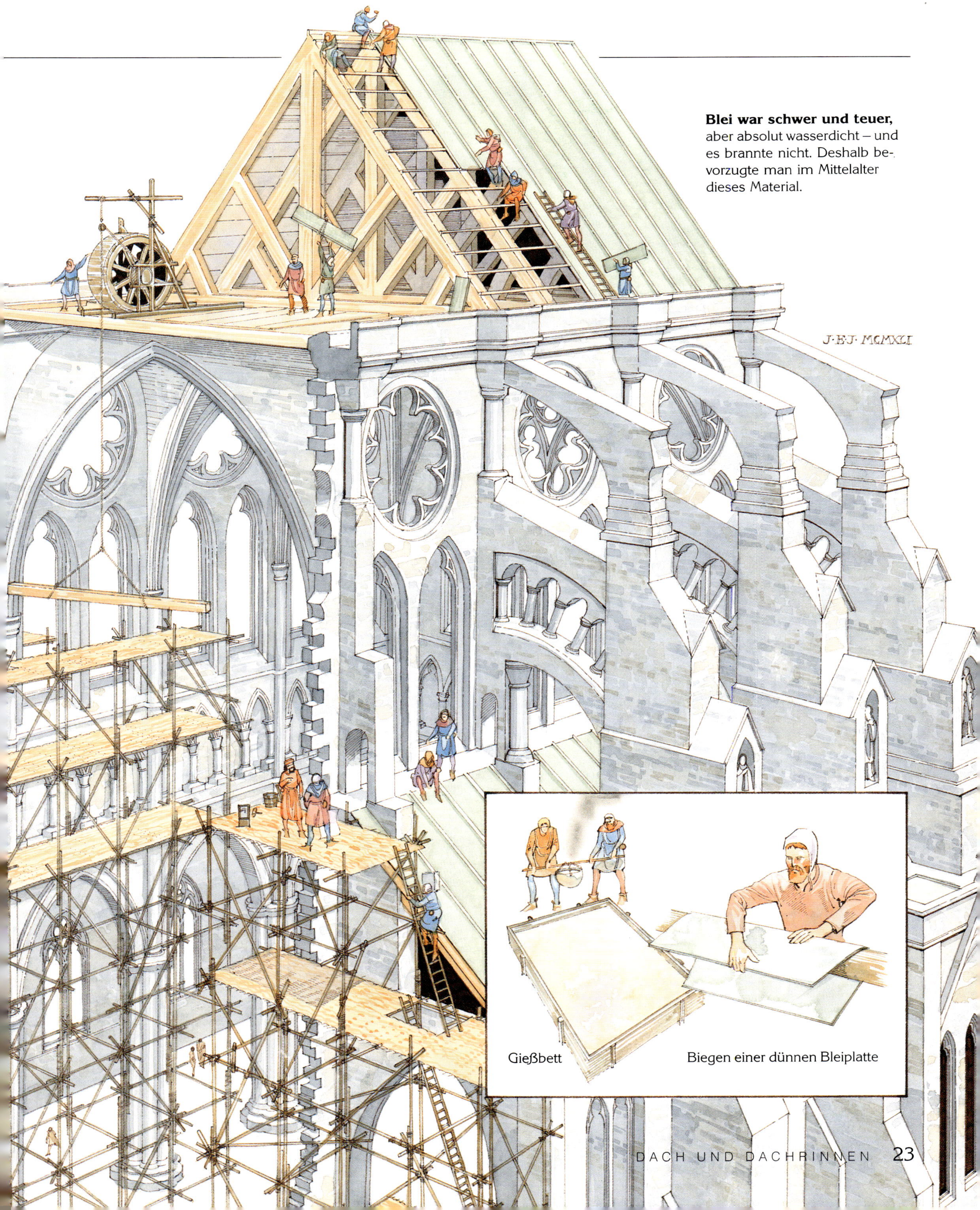

DECKEN UND BÖDEN

Wenn das Dach fertiggestellt war, gestalteten die Handwerker die Decken aus, zu der die Gläubigen bewundernd emporblicken sollten. Auch der Fußboden mußte einen stabilen und dekorativen Belag erhalten.

Das sogenannte Deckengewölbe veränderte sich im Laufe des Mittelalters beträchtlich: In den Kathedralen des frühen Mittelalters finden wir beispielsweise „Tonnengewölbe", die an einen Tunnel erinnern. Reihen von halbrunden Pfeilern stützen solche Konstruktionen. Die Gewölbe wurden mit Holz verkleidet oder mit Gips verputzt, so daß eine glatte Fläche entstand.

Nach und nach entwickelten die Baumeister immer ausgefeiltere Gewölbeformen, zunächst beispielsweise das Kreuzgratgewölbe mit zwei sich rechtwinklig durchdringenden Tonnengewölben. Und mit dem Übergang von der Romanik zur Gotik entstanden hoch aufstrebende, am Scheitelpunkt spitz zulaufende Gewölbe, die durch „Rippen" aus Stein stabilisiert wurden. Man nennt sie deshalb Rippengewölbe. Die Rippen verliefen diagonal von den Pfeilern auf der einen Seite des Kirchenschiffs zu denen auf der anderen Seite. Im Scheitelpunkt des Gewölbes kreuzten sie sich. Im Laufe der Zeit konstruierten die Baumeister immer kompliziertere Rippenmuster, und schließlich hatten die Rippen keine tragende Aufgabe mehr, sondern dienten nur noch als Schmuck. Die vier Zeichnungen unten zeigen, wie ein Kreuzrippengewölbe entstand.

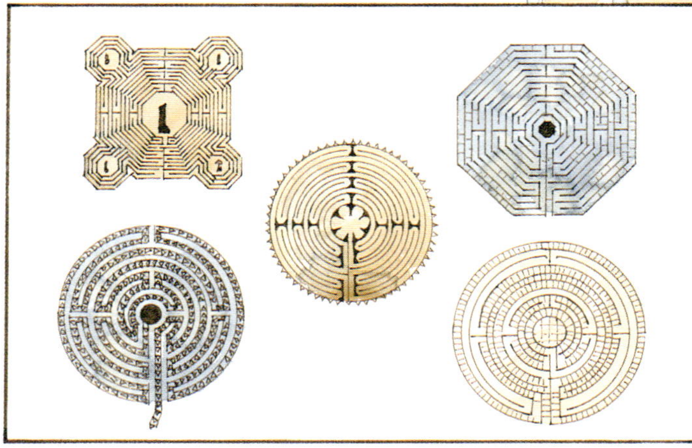

Fußbodenlabyrinthe aus fünf mittelalterlichen Kathedralen (oben). **Unten:** Vom romanischen Rundbogenfenster (links) zum verspielten spätgotischen Maßwerk (rechts).

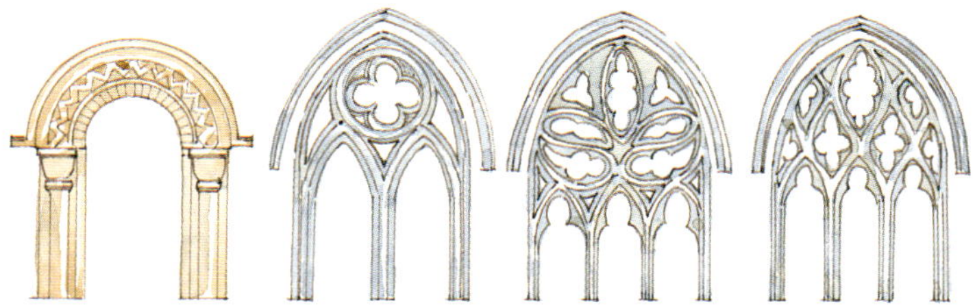

Fußböden in Kathedralen wurden oft mit Dekorfliesen belegt (unten). Die Dekorfliesen bestanden aus gebranntem Ton mit farbiger Glasur.

Vier Stadien im Bau eines Kreuzrippengewölbes (oben). Zuerst konstruierte man ein Wölbgerüst aus Holz (ganz links). Dann wurden Rippen aus Stein darübergesetzt, die von einem Pfeiler zum anderen verliefen. Sie gaben dem Gerüst

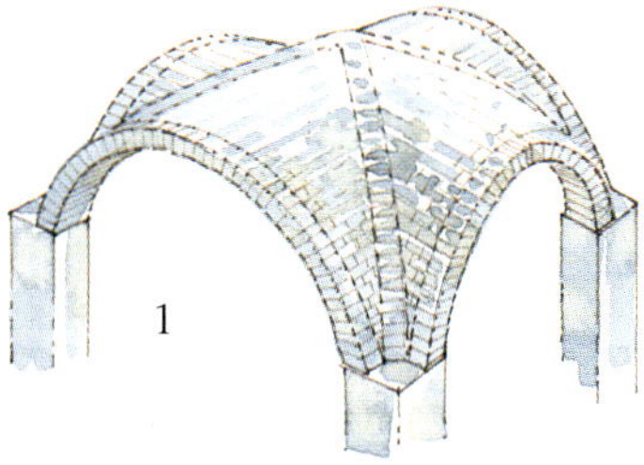

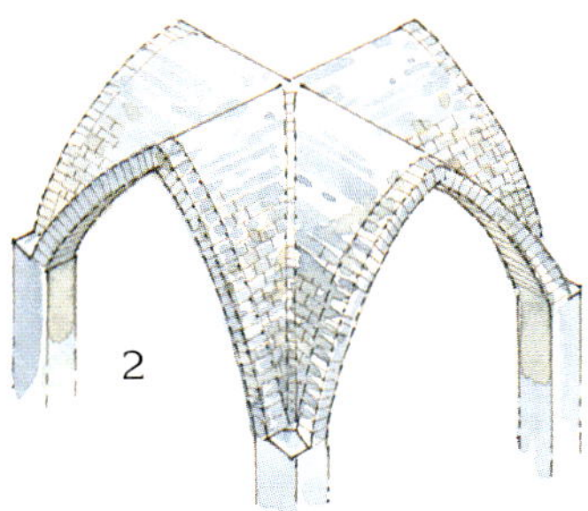

Aus Marmorplatten oder gebrannten Fliesen entsteht ein großes Fußbodenlabyrinth (oben). Die Platten wurden in einem Sandbett verlegt und mit Mörtel verbunden.

1. Romanisches Gewölbe
2. Gotisches Gewölbe

Rechts: Schlußsteine zieren den Scheitelpunkt, in dem die Gewölberippen sich kreuzen. Die abgebildeten Schlußsteine befinden sich in der Kathedrale von Norwich, England.

Der Fußboden wurde mit Steinfliesen, bunt glasierten Kacheln oder auch mit verschiedenfarbigen Marmorplatten belegt, die man zu Mustern und Labyrinthen zusammensetzte. Nur wenige originale Fußbodenbeläge sind erhalten; einer ist in der Kathedrale von Chartres zu bewundern – das Labyrinth hat einen Durchmesser von 16 Metern.

einen stabilen, aber leichtgewichtigen Halt. Die Flächen zwischen den Rippen füllte man mit leichten Ziegeln oder Gips aus; so entstand die Decke. Schließlich entfernte man das Wölbgerüst. Manchmal wurde die Decke bemalt.

„DIE BIBEL DER ARMEN“

Mitte des 15. Jahrhunderts beschrieb der französische Dichter François Villon, was eine einfache Frau gefühlt haben mag, wenn sie eine Kirche betrat:

„Ich bin eine arme alte Frau,
ich weiß nichts, lesen kann ich nicht.
In meiner Kirche sehe ich
ein gemaltes Paradies mit Harfen und Lauten
und eine Hölle, in der die Verdammten schmoren.
Das eine ängstigt mich, das andere macht mich froh.“

Bis ins späte Mittelalter hinein konnten die meisten Menschen weder lesen noch die Worte des Gottesdienstes verstehen – es wurde Latein gesprochen. Die einzige Möglichkeit, etwas über das Christentum zu erfahren, war, den Predigten zu lauschen und Wandgemälde, Reliefs und Kirchenfenster zu betrachten, die Geschichten aus dem Leben von Heiligen und aus der Bibel darstellten: Man spricht daher in diesem Zusammenhang von der „Armenbibel“.

Die leuchtend farbigen Scheiben für die Fenster der Kathedralen wurden in Glaserwerkstätten hergestellt, die es in größeren Städten gab. Man setzte der flüssigen Glasmasse bestimmte Chemikalien zu; so entstanden die berühmten strahlenden Farben. Glasstücke in unterschiedlichen Farben wurden dann durch schmale Bleistreifen miteinander verbunden. So schuf man mehrfarbige Muster und Bilder.

Im 14. Jahrhundert entdeckten die Glaser dann eine Methode, wie man mit Silberpulver Scheiben bemalen konnte: Nun wurden die Darstellungen noch genauer und feiner.

Der Bau einer großen Fensterrose. Die ersten dieser gewaltigen runden Fenster entstanden im 12. Jahrhundert in Frankreich; die Idee wurde bald überall in Europa übernommen. Die Form war Blütenblättern nachempfunden, die sich der Sonne öffnen. An solchen Fenstern konnten die Bauleute ihre große Kunst beweisen. Sie sind heute noch zu bewundern, beispielsweise an der Kathedrale von Chartres (Frankreich) und am Kölner Dom.

Die Gestaltung bleiverglaster Fenster war eine langwierige Arbeit, die geschickte Glaser erforderte. Zuerst wurde das Glas hergestellt: Man brachte Sand, Kalk und Pottasche zum Schmelzen, und der Glasbläser blies die Masse zu einer zylindrischen Form, die aufgeschnitten und flach ausgelegt wurde. Der Glaser schnitt die Scheiben grob in die benötigten Formen. Er fuhr mit einem heißen Eisenstab über die Scheibe und goß dann kaltes Wasser darüber, so daß das Glas entlang dieser Linien zersprang. Mit einem Glasschneider wurde es dann in kleinere Stücke geschnitten. Anschließend bemalte der Glaskünstler die kleinen Glasstücke mit Farben, die bei Erhitzung in das Glas einschmolzen. Durch Bleistege verband man die farbigen Glasstücke miteinander. An den Stellen, an denen die Stege zusammentrafen, stabilisierte man die Sprossen mit Tropfen geschmolzenen Lötmetalls, einer Legierung aus Blei und Zinn.

J·E·J· MCMXC·

TÜRME UND GLOCKEN

Eine Kathedrale sollte alle anderen Gebäude überragen. Zwar wurde sie vor allem zur Ehre Gottes errichtet, aber sie brachte ihren Erbauern und der Stadt, in der sie stand, auch Ruhm und Geld ein. Noch auffallender und bedeutender wurde eine Kathedrale, wenn man sie durch Türme höher machte – und da diese Türme in den Himmel ragten, wiesen sie die Menschen stets auf Gott hin.

Türme hatten außerdem eine praktische Aufgabe: In ihnen konnte man Glocken aufhängen. Das Läuten der Glocken rief die Gläubigen zum Gottesdienst. Im frühen Mittelalter gab es noch keine mechanischen Uhren. Brennende Kerzen, die eine bestimmte Zahl von Zentimetern pro Stunde kürzer wurden, maßen die Zeit, ebenso sandgefüllte Stundengläser und Sonnenuhren, die an Außenmauern angebracht waren.

Im 13. Jahrhundert erfanden Wissenschaftler dann mechanische Vorrichtungen zum Messen der Zeit: die Räderuhren. Die älteste Turmuhr Europas, die heute noch existiert, ist wohl die an der Kathedrale von Salisbury in England.

Die Glocken für die Kathedrale wurden häufig von wohlhabenden Gläubigen gestiftet, die auf Vergebung ihrer Sünden hofften oder das Andenken eines geliebten oder berühmten Verstorbenen wachhalten wollten.

Bischöfe und Städte wetteiferten miteinander, wer die schönste und größte Kathedrale bauen konnte. Der höchste Turm im Mittelalter war der des Straßburger Münsters. Mit seinen fast 150 Metern Höhe war er jahrhundertelang das höchste Bauwerk Europas – so hoch wie ein 45 Stockwerke hohes Gebäude von heute. Erst der im 19. Jahrhundert errichtete Eiffelturm, konstruiert aus dem damals gerade erfundenen Gußeisen, war höher.

Glocken wurden in Formen gegossen (rechts). Zuerst formte man ein massives Tonmodell in Originalgröße (1), überzog dieses mit Wachs (2) und anschließend mit einer zweiten Tonschicht, einem mächtigen Block (3), durch den einige Kanälchen nach außen führten.
Der ganze Block wurde dann erhitzt, so daß das Wachs schmolz und nach unten abfloß (4). In den so entstandenen Hohlraum goß man Glockenmetall (5). Man ließ es hart werden, schlug zuletzt den Ton ab und polierte schließlich die Glocke (6).

Turmhelme (Turmspitzen) bestanden meist aus einer Holzkonstruktion und waren mit dünnen Bleiplatten gedeckt, was sie sehr schwer machte. Sie waren nicht sehr stabil und hielten Stürmen schlecht stand.

Wegen des Metalldachs schlug der Blitz häufig ein. So manche Kathedrale wurde schwer beschädigt, wenn ein Glockenturm einstürzte und die Decke des Kirchenschiffs durchbrach.

EIN ABGLANZ DES HIMMELS

Kathedralen und Kirchen des Mittelalters wurden mit Wandmalereien, Reliefs, Statuen und anderen Kunstwerken geschmückt. Diese Kostbarkeiten sollten nicht nur die Schönheit der Architektur erhöhen; sie hatten auch einen anderen Zweck, wie Abt Suger von St. Denis im Frankreich des frühen 12. Jahrhunderts schrieb: „Sie sollen dem einfachen Volk zeigen, was es glauben soll."

Kirchen und Kathedralen, die im Glanz von Gold und Edelsteinen erstrahlten, von Licht und Farben durchflutet und mit dem Duft von Weihrauch erfüllt waren, müssen dem „einfachen Volk" wie ein Vorgeschmack auf das Paradies erschienen sein – das jedenfalls meinten die Geistlichen des Mittelalters. Fresken, Mosaike und Reliefs dienten allerdings auch als „Armenbibel" (vergleiche Seite 26). Biblische Szenen und Szenen aus Heiligenleben ersetzten den Menschen, die nicht lesen konnten, die Lektüre der Bibel und anderer religiöser Schriften. Zur Abschreckung wurden auch die schrecklichen Folgen eines sündhaften Lebens und die Greuel der Hölle abgebildet.

Zu den prachtvollsten Schätzen mittelalterlicher Kathedralen gehörten üppig bestickte Meßgewänder, Altartücher, Fahnen und Wandbehänge. Kunsthandwerker, Mönche und Nonnen stellten großartige Stickereien her. Besonders die englische Stickkunst war berühmt, ebenso das kunstvoll mit Seiden- und Goldfäden gearbeitete Tuch, das in alle Länder Europas exportiert wurde. Als der englische Mönch Thomas Selmiston im Jahre 1419 starb, wurde er betrauert, weil er „ein ganz und gar erstaunlicher Stickkünstler war, dem keiner gleichkam".

Der Kettstich (oben links) war im Mittelalter einer der am häufigsten angewendeten Stickstiche.

Ornate von Bischöfen und Priestern wurden häufig von geschickten Frauen prachtvoll bestickt (oben).

Zum Besticken großer Teppiche und Wandbehänge spannte man das schwere Grundgewebe auf Rahmen.

Maler stellten ihre Farben selbst her (oben und rechts). Zum Zerstoßen der Farbstoffe und zum Mischen der Farben verwendeten sie Mörser und Stößel.
Pulverisierter Lapislazuli lieferte das Blau, Mennige (Rotblei) das Rot. Diese Farbstoffe, Pigmente genannt, wurden mit einer zähflüssigen Masse vermischt, die beispielsweise Eigelb oder Knochenleim aus gekochten Hufen oder Hörnern enthielt.
Prachtvolle Wirkungen ließen sich auch mit Blattgold erzielen, einer hauchdünnen Schicht aus reinem Gold, mit der Kunstgegenstände überzogen wurden.

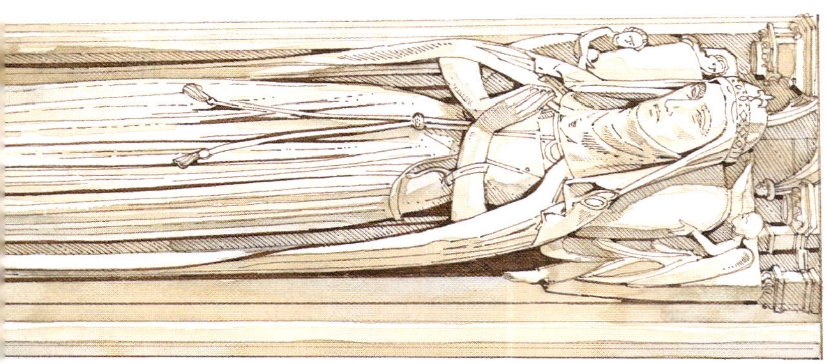

Grabsteinplastik aus Alabaster. Die lebensgroße Figur stellt Alice de la Pole dar, Herzogin von Suffolk, die im Jahr 1475 starb.

Kunstvoll ausgestaltetes **Grabmal** der Marie de Valois, Königin von Neapel (rechts), um 1330.

J·E·J· MCMXCI

DER BISCHOF

Weil die Kathedralen so groß waren und die Bauzeit sich dementsprechend lange hinzog, mußte so mancher Bischof während seiner gesamten Amtszeit – die Jahrzehnte dauern konnte – mitten in einer riesigen Baustelle Gottesdienste abhalten und seine Diözese verwalten. Welche Pflichten hatte nun ein Bischof gegenüber dem Volk und den Gebäuden, die ihm anvertraut waren?

Ein Zeitgenosse beschrieb die Aufgaben eines Bischofs im Mittelalter so: „Am wichtigsten sind seine Gebete, dann seine Gelehrsamkeit – Lesen oder Schreiben, Lehren oder Lernen; dann die Gottesdienste zu den festgesetzten Stunden [...] und seine Hilfe für die Bedürftigen [...] sowie die Beaufsichtigung der Bauarbeiten [...]. Bei öffentlichen Versammlungen muß er dem Volk immer wieder die christliche Lehre nahebringen."

Die geistlichen Aufgaben eines Bischofs blieben das ganze Mittelalter hindurch unverändert, ja sie sind bis heute im wesentlichen die gleichen. Viele Bischöfe spielten auch eine aktive Rolle in der Politik – sie hatten Ministerämter und berieten Könige und Fürsten. Manche hatten selbst den Rang eines Fürsten inne, sogar den eines Kurfürsten, der den deutschen Kaiser mitwählen durfte – wie der Erzbischof von Mainz.

Bischöfe waren für alle Priester, Mönche und Nonnen ihrer Diözese verantwortlich, zudem für die ausgedehnten Ländereien, die der Kirche von Wohlhabenden und Frommen gestiftet wurden, damit Kathedralen gebaut und unterhalten werden konnten.

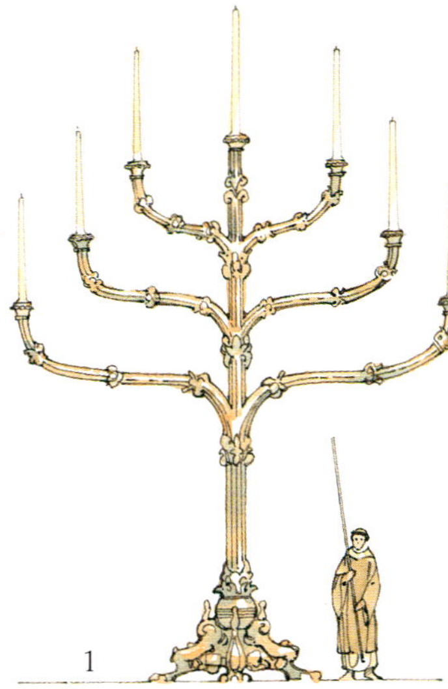
1

1. Ein riesiger Kerzenleuchter aus Reims in Frankreich.

2. Goldener Reliquienschrein, mit Edelsteinen besetzt. Er enthält Überreste eines Heiligen.

3. Goldkassette in Form einer Taube.

2

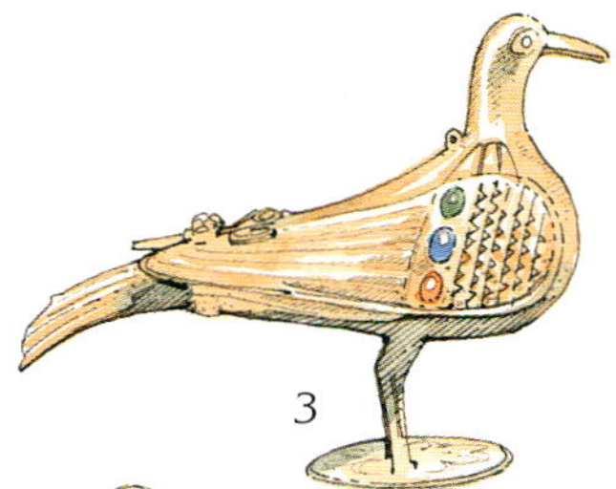
3

4

5

6

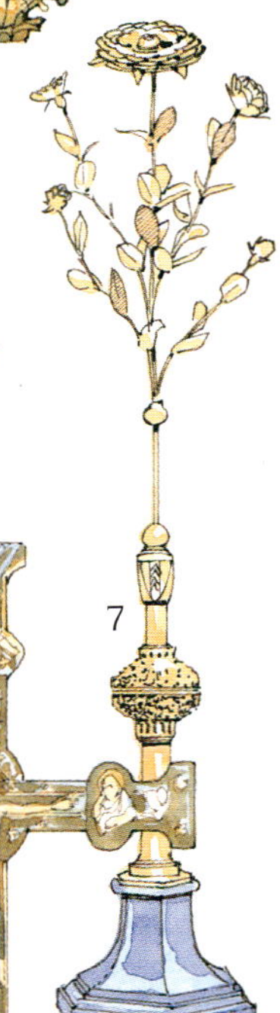
7

8

9

4. Schmuckfigur eines Lesepults aus Goldbronze.

5. Relief aus Elfenbein: Jesus am Kreuz.

6. Bischofsstab (oberer Teil) aus Gold und Silber.

7. Rose aus Gold, Silber und Edelsteinen; aus Basel.

8. Kreuz, das Prozessionen vorangetragen wurde; aus Silber mit feinsten Einlegearbeiten aus Email.

9. Künstlerin beim Malen eines Selbstporträts.

Der Bischof trug beim Gottesdienst einen **prachtvollen Ornat.** Ursprünglich tat er das zur höheren Ehre Gottes, dann aber auch zur Darstellung seiner eigenen Macht.

Die Mitra (Bischofsmütze) und der Bischofsstab sind Zeichen der bischöflichen Würde. Der Stab, der oben eine spiralförmige Krümmung aufweist (6), erinnert an einen Hirtenstab und ist ein Zeichen dafür, daß der Bischof für seine Gläubigen sorgt wie der Hirte für seine Schafe. Alle Teile der Amtstracht waren aus kostbaren Materialien gearbeitet und mit Gold, Silber und Edelsteinen verziert.

WALLFAHRER

Im Mittelalter unternahmen Männer und Frauen aus ganz Europa ausgedehnte Pilgerfahrten, auch Wallfahrten genannt, um die letzten Ruhestätten von Heiligen zu besuchen. Manche wagten sogar die weite Reise ins Heilige Land – das Gebiet um Jerusalem im heutigen Israel –, wo Jesus Christus gelebt hatte und gekreuzigt worden war.

Die Menschen glaubten, daß eine solche Wallfahrt zur Vergebung ihrer Sünden beitragen könne und ihnen möglicherweise einen Platz im Himmel verschaffen würde. Diese Reisen gaben ihnen aber auch die Gelegenheit, in angenehmer Gesellschaft eine unterhaltsame, wenn auch oft gefahrvolle Zeit zu verbringen. Es bildeten sich feste Pilgerrouten heraus, an denen Geschäfte und Herbergen entstanden. Straßenräuber, die den Wallfahrern in wilden, einsamen Gegenden auflauerten, nahmen ihnen oftmals all ihre Ersparnisse ab und machten reiche Beute.

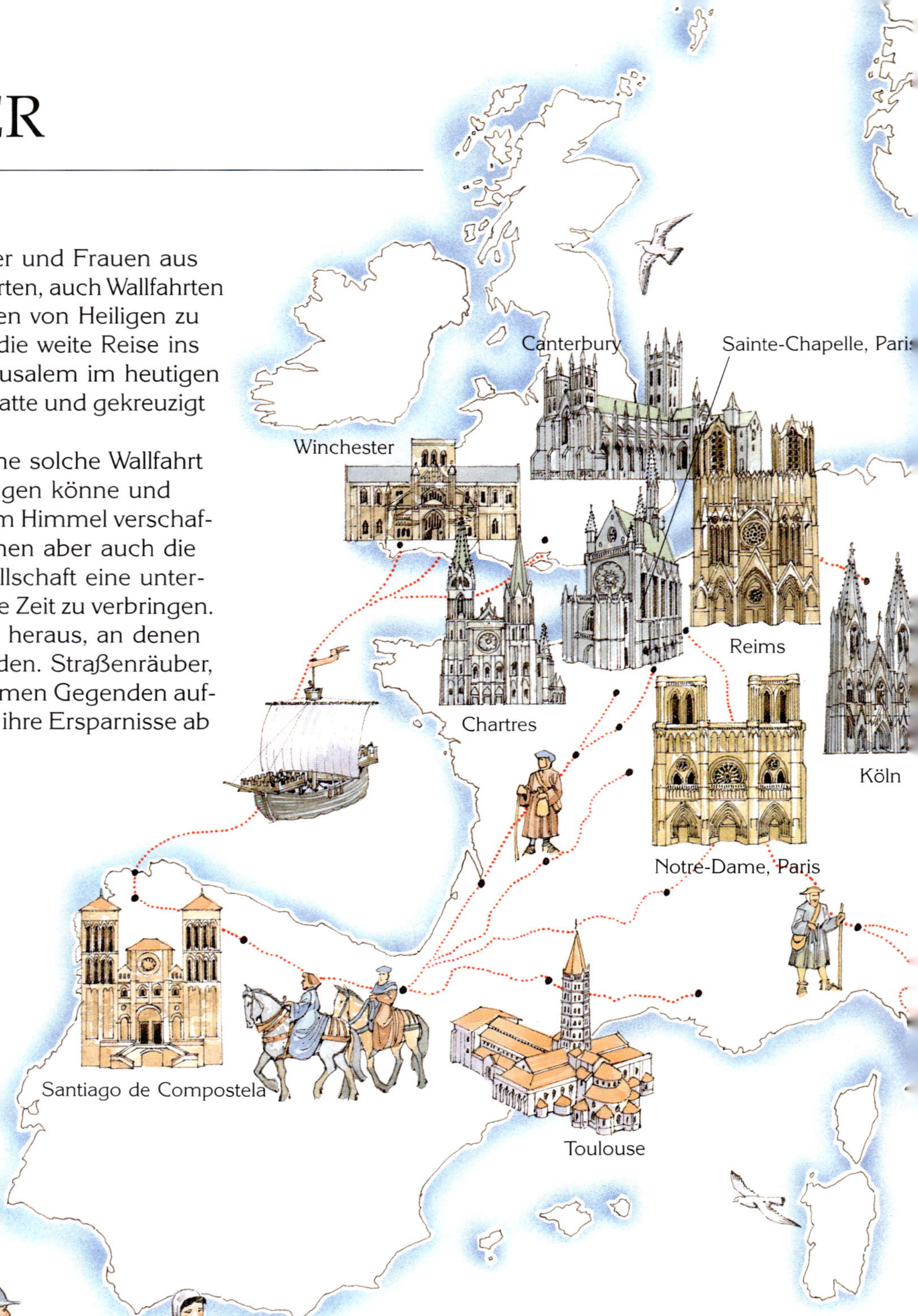

Ein französischer Chronist des 12. Jahrhunderts beschrieb den Aufbruch zu einer Wallfahrt so: „Der Tag war klar und ruhig. Die Mädchen und jungen Männer sprachen Gedichte und sangen, sogar die Alten begannen wieder zu singen. Sie schienen alle fröhlich! Sogar die Vöglein zwitscherten froh. Auf dem Hügel hatten die Köche Zelte errichtet. Da gab es viele verschiedene Weine, Brot und Kuchen, Obst und Fisch, Geflügel, Gebäck und Wildbret – reichlich für jeden, der Geld hatte."

Kathedralen, welche die Reliquien – das sind Überreste – von Heiligen beherbergten, zogen viele Wallfahrer an, beispielsweise die Kathedrale des Hl. Johannes (Santiago) von Compostela in Spanien. Wunderschöne, mit Edelsteinen besetzte Reliquienschreine enthielten Knochen eines Heiligen oder andere heilige Dinge. Die Gläubigen bezahlten mit Geld oder opferten Gegenstände aus ihrem Besitz, um die Reliquien sehen zu dürfen – sie zu berühren oder gar zu küssen war noch teurer. Die Menschen glaubten, daß der Heilige für sie bei Gott Fürbitte einlegen könne, so daß sie beispielsweise von einer schweren Krankheit geheilt würden.

Auf ihrer Wallfahrt übernachteten die Pilger in Gasthäusern wie diesem (eine Darstellung aus dem 14. Jahrhundert).

Manche Priester und Prediger kritisierten, daß Pilger es sich auf ihrer Wallfahrt zu gut gehen ließen.

Die Wallfahrer zogen sich auf ihrer Reise praktisch an. In einer ledernen Pilgertasche verstauten sie Kleidung, Proviant, Geld und Gebetbuch. In unwegsamem Gelände stützten sie sich auf einen Pilgerstab.

Manchmal kauften sie Abzeichen aus Metall oder Stoff, wenn sie das Ziel ihrer Reise erreicht hatten. Das nähten sie sich auf den Mantel – als Beweis, daß sie tatsächlich auf Wallfahrt gewesen waren.

MYSTERIENSPIELE

Die großen Kathedralen waren im Mittelalter häufig Schauplatz von Mysterienspielen – religiösen Theateraufführungen in lateinischer Sprache, in denen Szenen aus der Bibel dargestellt wurden.

Ursprünglich waren die Mysterienspiele Teil des Gottesdienstes an besonderen Tagen des Kirchenjahres; dementsprechend hießen sie auch Passionsspiele, Osterspiele, Fronleichnamsspiele oder Weihnachtsspiele. Kostüme, Gesang und Tanz gehörten dazu. Mönche und Priester übernahmen alle Rollen; so sangen Mönche in der Kathedrale zu Winchester in England Osterverse wie diese:

„Halleluja, der Herr ist heute auferstanden,
Christus, der Sohn Gottes.
Danket Gott und jauchzet!"

Im späten Mittelalter übernahmen auch Leute aus dem Volk Rollen in den Mysterienspielen, die nun außerhalb der Kathedrale stattfanden. Mancher Geistliche war damit gar nicht einverstanden. Um 1300 schrieb der Priester William of Wadington in seinem *Buch der Sünden:*

„Verrückte Schreiber haben eine hirnverbrannte Torheit erdacht, die sie Mysterienspiele nennen. Vor den Gesichtern tragen die Darsteller Masken, und sie geben auf den Straßen oder Kirchhöfen verrückte Vorstellungen; nach den Mahlzeiten, da kommen die Narren gern. Auch wenn sie behaupten, daß nur gute Absichten sie leiten – ihr dürft keinesfalls glauben, daß sie das zu Ehren Gottes tun. In Wirklichkeit geschieht es zu Ehren des Teufels."

Einige der Requisiten und Kostüme aus Mysterienspielen des Jahres 1565: „Ein Greifvogel; ein Rippenknochen, rot; zwei Umhänge und zwei farbige Strumpfhosen für Eva; farbiger Umhang und Strumpfhose für Adam; Maske und Perücke für Gottvater; zwei Perücken für Adam und Eva."

Obwohl die Schauspieler eigentlich umsonst auftraten, erhielten sie doch manchmal beträchtliche Gagen, wie eine Gehaltsliste aus Yorkshire (England) von 1483 beweist: „6 Pence für die Musikanten; 1 Shilling 6 Pence für Noah und seine Frau; 6 Pence für Robert Brown, der die Rolle Gottvaters spielte."

In ganz Europa wurden Kirchenfeste mit Prozessionen und Mysterienspielen gefeiert. Das Passionsspiel von Oberammergau entspringt dieser mittelalterlichen Tradition. Es wird allerdings erst seit dem 17. Jahrhundert aufgeführt. Prozessionen gab es überall in Europa, beispielsweise in Frankreich die Prozessionen von Saintes-Maries-de-la-Mer. Die Geistlichen trugen hohe Kreuze, Kerzen und Fahnen voran und stellten oft Szenen aus dem Leben Jesu dar. Es folgte der Chor mit religiösen Gesängen. Das gewöhnliche Volk ging am Schluß der Prozession oder kniete am Wegesrand, um vom Bischof gesegnet zu werden.

KLÖSTER

Wenn ein Bischof eine neue Kathedrale bauen ließ, brauchte er einen „Stab“ von Priestern und anderen Geistlichen, die das Gebäude für ihn verwalteten. Nonnen kamen allerdings im Mittelalter für solche im Lichte der Öffentlichkeit stehenden Aufgaben nicht in Frage. Für vieles war zu sorgen: Gottesdienste mußten abgehalten, Prozessionen und Kirchenfeste organisiert, Chöre geleitet, die Schätze der Kathedrale gepflegt und gehütet werden.

Die Kathedrale mußte stets sauber und in tadellosem Zustand sein, die dazugehörigen Ländereien bewirtschaftet und der Besitz verwaltet werden. Sehr wichtig war auch die ständige Anwesenheit von Priestern, die Gemeindemitgliedern und auswärtigen Besuchern der Kathedrale geistlichen Beistand geben konnten oder die Beichte abnahmen.

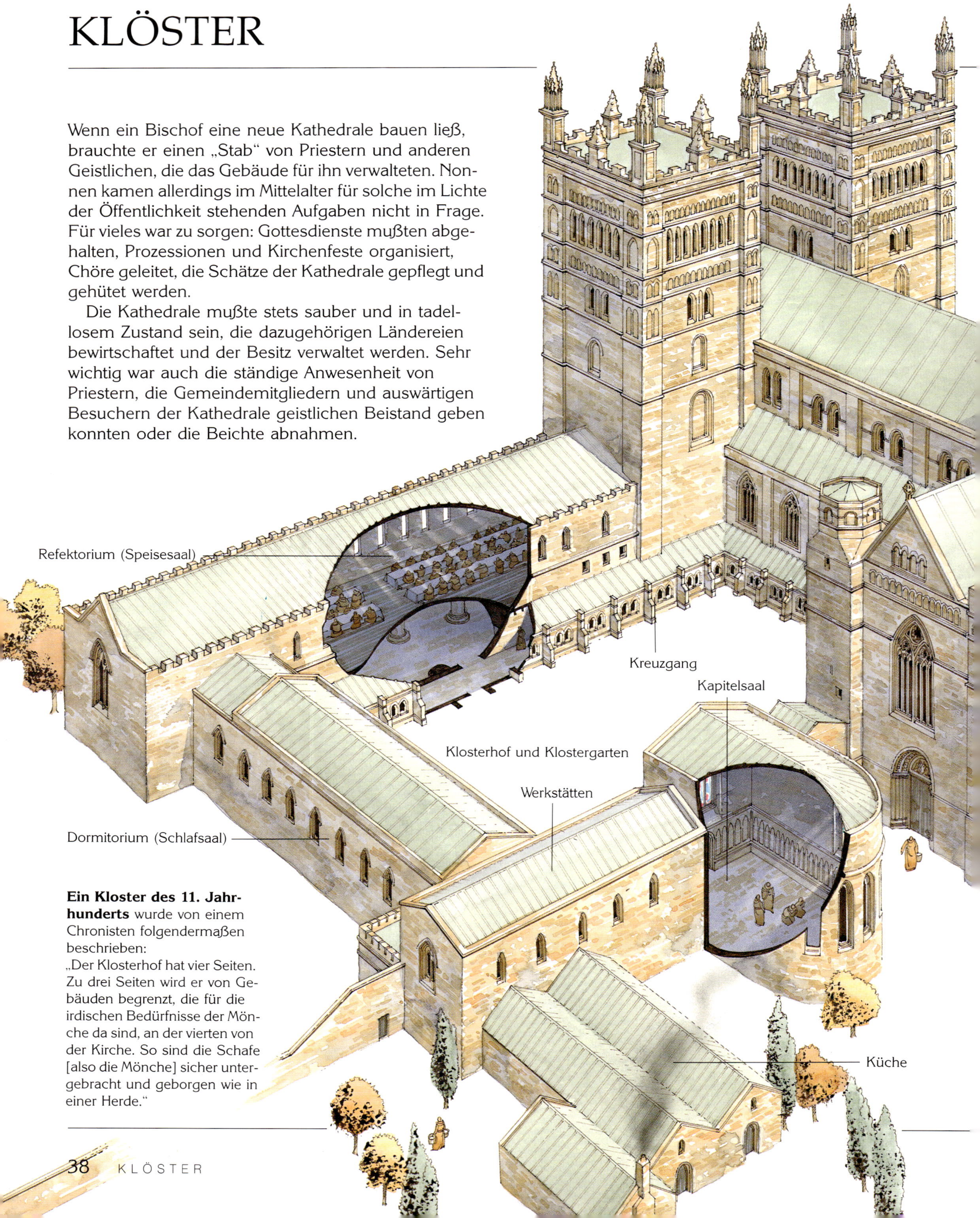

Ein Kloster des 11. Jahrhunderts wurde von einem Chronisten folgendermaßen beschrieben: „Der Klosterhof hat vier Seiten. Zu drei Seiten wird er von Gebäuden begrenzt, die für die irdischen Bedürfnisse der Mönche da sind, an der vierten von der Kirche. So sind die Schafe [also die Mönche] sicher untergebracht und geborgen wie in einer Herde.“

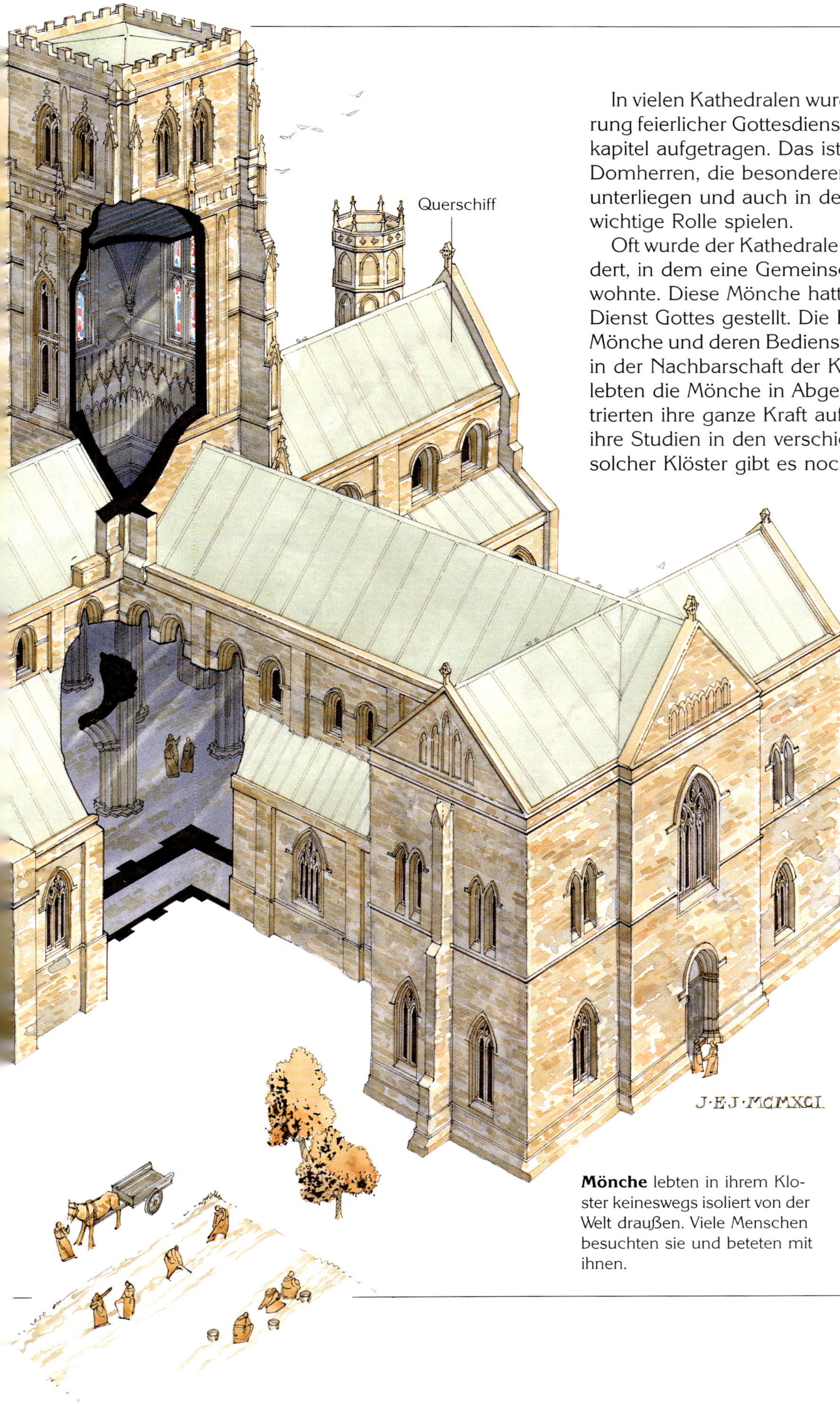

In vielen Kathedralen wurde und wird die Durchführung feierlicher Gottesdienste dem sogenannten Domkapitel aufgetragen. Das ist eine Versammlung von Domherren, die besonderen kirchlichen Gesetzen unterliegen und auch in der Diözesenverwaltung eine wichtige Rolle spielen.

Oft wurde der Kathedrale auch ein Kloster angegliedert, in dem eine Gemeinschaft von Ordensbrüdern wohnte. Diese Mönche hatten ihr Leben ganz in den Dienst Gottes gestellt. Die Bischöfe ließen für die Mönche und deren Bedienstete eindrucksvolle Bauten in der Nachbarschaft der Kathedrale errichten. Dort lebten die Mönche in Abgeschiedenheit und konzentrierten ihre ganze Kraft auf fromme Werke sowie auf ihre Studien in den verschiedensten Gebieten. Viele solcher Klöster gibt es noch heute.

Mönche lebten in ihrem Kloster keineswegs isoliert von der Welt draußen. Viele Menschen besuchten sie und beteten mit ihnen.

Im frühen Mittelalter gaben manche Eltern ihre Kinder bereits im Alter von sieben oder acht Jahren in ein Kloster. Dieser Brauch wurde jedoch um 1100 verboten. Frauen und Männer wurden Nonnen beziehungsweise Mönche, weil sie ihr Leben Gott und der Kirche weihen wollten. Die Mönche konnten in ihrem Orden zu ganz unterschiedlichen Diensten berufen werden: Manche wurden Priester, andere arbeiteten in der Kirchenverwaltung, wieder andere wurden Baumeister oder Künstler, Wissenschaftler oder Lehrer. Manche kümmerten sich um das Wohlergehen der Menschen in der Gemeinde, manche um die Erhaltung der Klostergebäude. Andere waren verantwortlich für die Laienbrüder und die Bediensteten des Klosters oder verwalteten die landwirtschaftlichen Betriebe und andere Besitztümer des Klosters.

EIN TAG IM LEBEN EINES MÖNCHS

1 Uhr–2 Uhr Zur ersten Andacht in die Kirche.

3 Uhr Wieder ins Bett, um noch ein wenig zu schlafen.

6 Uhr Aufstehen und Waschen. Gebet in der Kirche.

7 Uhr Frühstück: Brot, Käse, Bier oder Apfelwein.

7.30 Uhr–9 Uhr Arbeit im Klostergarten.

9 Uhr Wieder in der Kirche zum Gebet.

10 Uhr Hauptmahlzeit: Fisch, Brot, Eier, Gemüse.

10.30 Uhr–12 Uhr Saubermachen.

12 Uhr Mittagsandacht in der Kirche.

13 Uhr–18 Uhr Arbeiten: Schreiben oder Studieren.

18 Uhr Abendandacht in der Kirche.

18.30 Uhr Abendessen. Zeit für Ruhe und Erholung. Gäste kommen zum Gespräch oder zu einem Glas Wein mit Musik.

20 Uhr Wieder in der Kirche. Letzte Andacht dieses Tages.

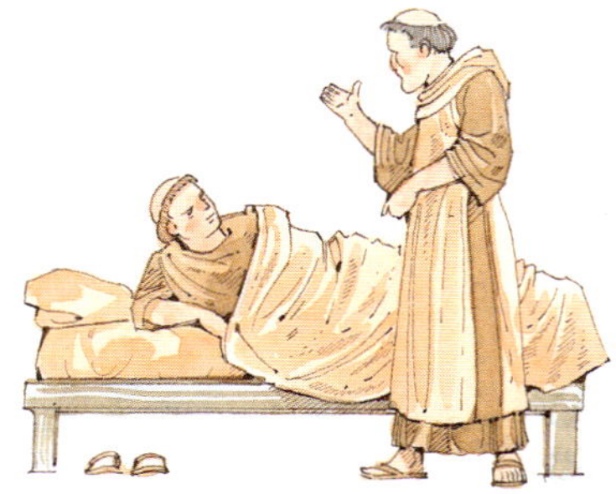

20.30 Uhr Beginn der Nachtruhe im Dormitorium.

Die Bischöfe des Mittelalters bemühten sich um große Gelehrsamkeit, und sie luden andere Männer des Geistes ein, in ihrer Diözese zu studieren und in ihren Kirchen zu predigen.

Auch viele Mönche waren hochgebildet. Zu den besten Lehrern des Mittelalters gehörten die Benediktinermönche, die nach der Regel des Heiligen Benedikt von Nursia lebten und sich zu Eigentumsverzicht, Keuschheit und Gehorsam bekannten. Wichtig waren in diesem Orden das Studieren, das Lernen, Schreiben und Lehren.

Manche Klöster wurden bedeutende Zentren der Buchherstellung. Hier schrieben Mönche Psalmen und ganze Bibeln ab und verzierten die Schrift mit wunderbaren Ornamenten und Bildern. Diese Texte waren für den Gebrauch in Gottesdiensten und für das stille Gebet bestimmt. Andere Klöster waren berühmt für ihre Bibliotheken, in denen religiöse und wissenschaftliche Bücher aufbewahrt wurden.

Die Kathedrale von Hereford in England ist heute noch weithin bekannt für ihre großartige „angekettete" Bibliothek: Dort sind die Bücher mit schweren Eisenketten an den Wänden befestigt, damit sie nicht gestohlen oder von zerstreuten Gelehrten mitgenommen werden konnten. Solche Vorsichtsmaßnahmen waren notwendig, denn mittelalterliche Bücher waren (und sind!) seltene Schätze: ganz von Hand geschrieben und kostbar in Handarbeit gebunden. In einem einzigen Exemplar stecken Hunderte von Stunden mühevoller Arbeit.

1
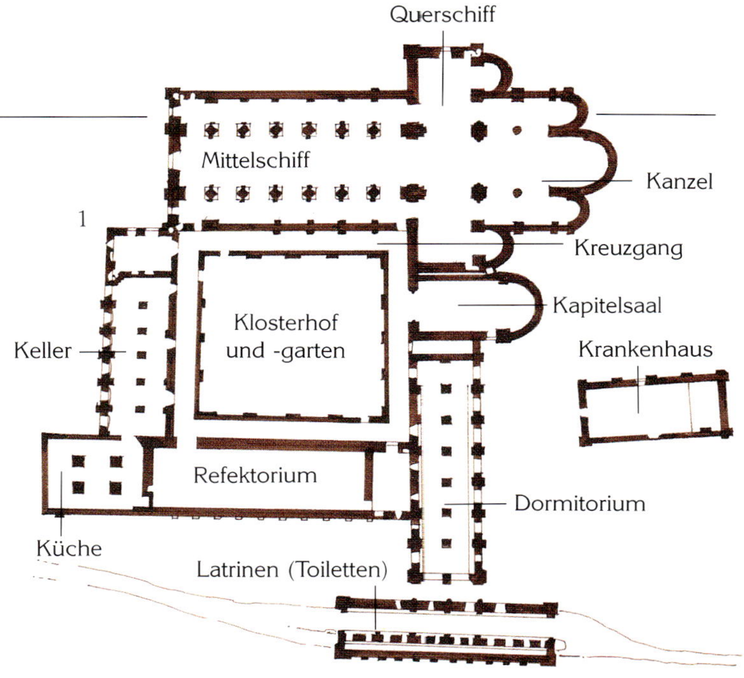

2

3

J·E·J· MCMXCI

1 **Grundriß** eines typischen mittelalterlichen Klosters.

2. **Ein Mönch** – Darstellung nach einer Handschrift. Viele Mönche und Nonnen waren bedeutende Illustratoren.

3. **Feine Illustration** aus einer Handschrift.

4. **Wohlhabende Eltern** ließen ihre Söhne von Mönchen unterrichten, ihre Töchter von Nonnen. Die Kinder lernten im Kloster vor allem Latein.

4

GESTERN UND HEUTE

Wenn wir an Kathedralen denken, kommt uns im allgemeinen zuerst das Mittelalter in den Sinn, die Blütezeit der Kathedralenbaukunst. Doch auch in späteren Epochen – und heute noch – haben die Kirche und ihre Bischöfe großartige Kathedralen geplant und für ihre Finanzierung gesorgt. Dabei brachte die Reformation, die ab dem 16. Jahrhundert weite Teile vor allem Nordeuropas erfaßte, auch große Veränderungen im Kirchenbau mit sich: Eine der Neuerungen war zum Beispiel die Orgel, die nun ein wichtiger Bestandteil der Kirche war. Manchmal wurden mittelalterliche Kathedralen auch später fertiggestellt, erweitert oder sogar vollkommen wiederaufgebaut, nachdem sie in Kriegen oder durch Naturkatastrophen zerstört worden waren.

Warum baut man immer noch Kathedralen? Wie kommt es, daß Menschen ihr Leben einer so gewaltigen Aufgabe widmen? Meist sind ihre Beweggründe dieselben wie die der Bischöfe und Stifter im Mittelalter: Sie bauen zu Ehren Gottes und zum Ruhm der christlichen Kirche und ihrer Glaubensbotschaft. Und natürlich ist der Bau einer Kathedrale eine einzigartige Gelegenheit, etwas Schönes und Großes zu schaffen.

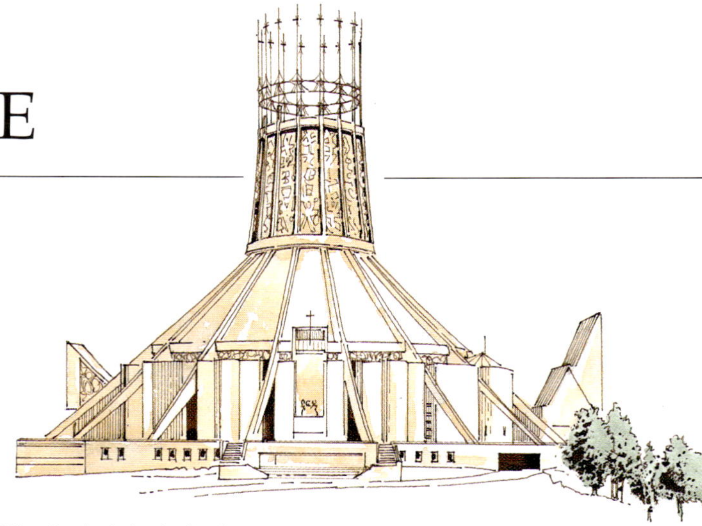

Die römisch-katholische **Kathedrale von Liverpool** (England), erbaut 1960–66 unter Verwendung moderner Materialien wie Beton und Stahl.

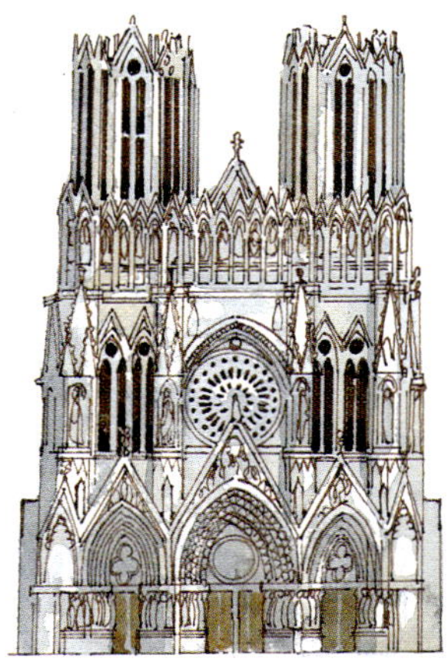

Die **Kathedrale von Reims** (Frankreich). 1427 Abbruch der Bauarbeiten – die Türme blieben unvollendet.

St.-Basilius-Kathedrale in Moskau (Rußland), 1555–60 im typischen russischen Baustil jener Zeit errichtet.

Tempel der Heiligen Familie in Barcelona (Spanien), begonnen 1884, noch heute unvollendet.

Kölner Dom, ein Bauwerk der Hochgotik; der Chor wurde 1322 geweiht. Fertigstellung im 19. Jahrhundert.

Mailänder Dom (Italien), 1386 von einem französischen Baumeister begonnen. Der Bau aus weißem Marmor wurde erst 1809 unter Napoleon Bonaparte vollendet.

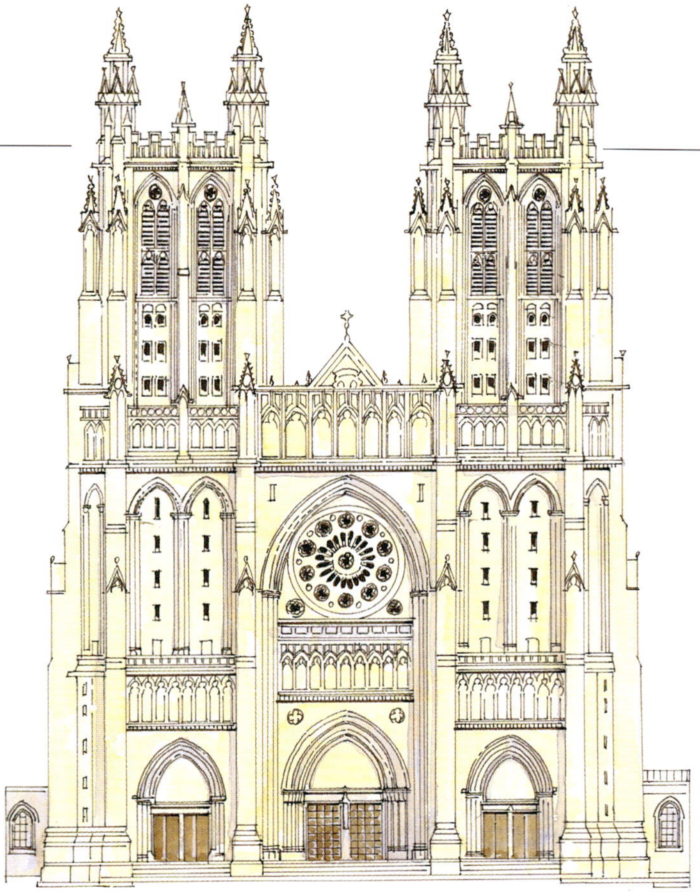

Kathedrale von Washington, D. C. (USA). Sie wurde im 20. Jahrhundert unter Anwendung alter Bautechniken errichtet. Man nennt diesen Stil „neugotisch“.

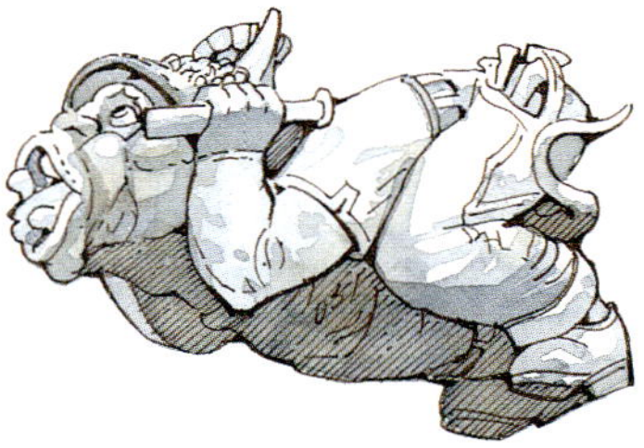

Wasserspeier (oben), der einen Bauarbeiter darstellt. Kathedrale von Washington, D. C.

Das „Weltallfenster“ (links) in der Kathedrale von Washington, D. C.

In einer Zeit, in der die Zukunft ungewiß ist und nichts für die Dauer gebaut zu werden scheint, legen die Erbauer von Kathedralen ein „Glaubensbekenntnis in Stein“ ab. Wie die Baumeister und Handwerker des Mittelalters bauen sie nicht nur für die Gegenwart, sondern auch für die Zukunft – und vielleicht sogar für die Ewigkeit.

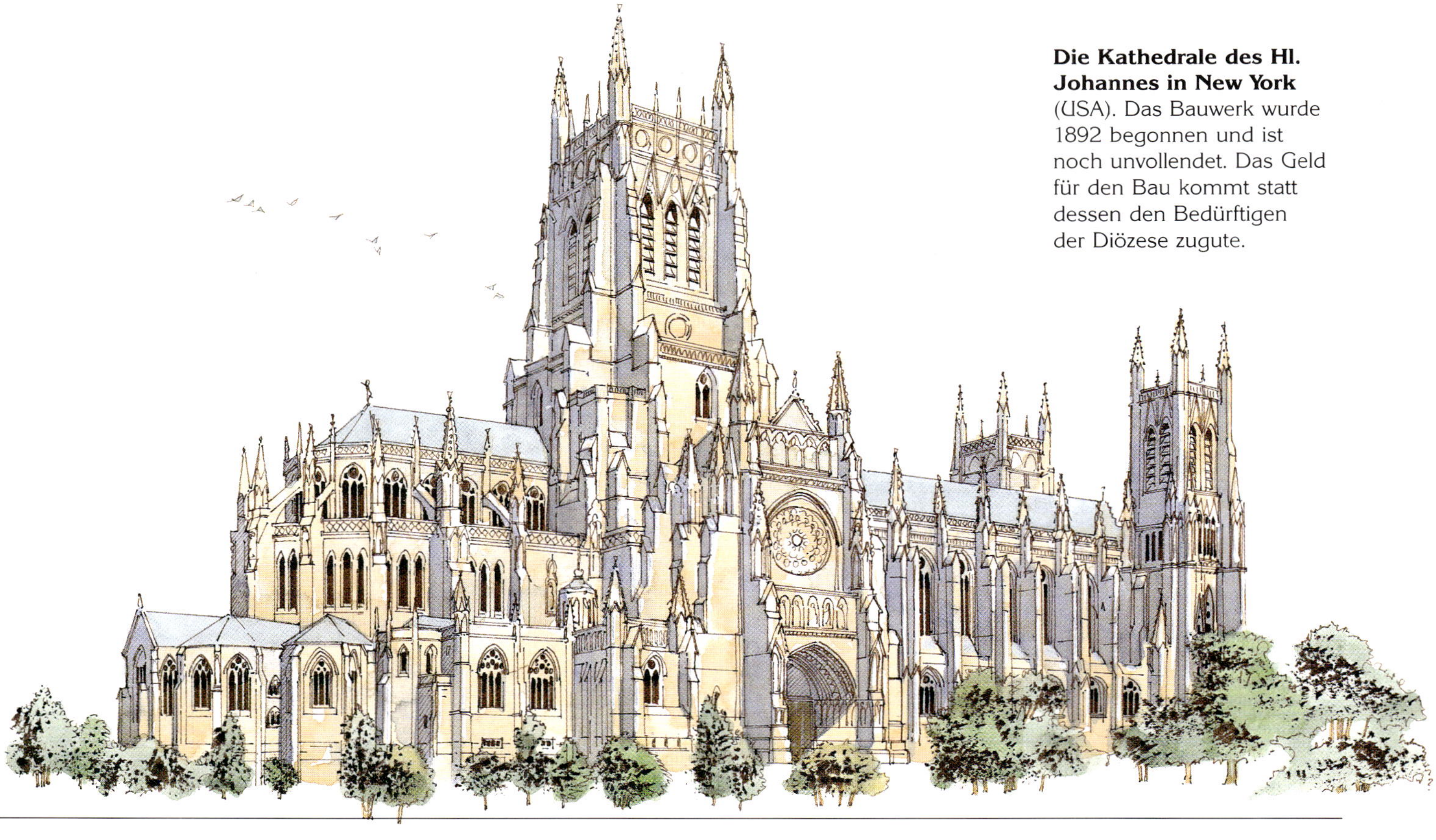

Die Kathedrale des Hl. Johannes in New York (USA). Das Bauwerk wurde 1892 begonnen und ist noch unvollendet. Das Geld für den Bau kommt statt dessen den Bedürftigen der Diözese zugute.

WISSENSWERTES ÜBER KATHEDRALEN

Der Glockenturm von San Marco in Venedig (Italien) stand genau 1000 Jahre. Die Fundamente wurden im Jahre 902 gegründet, und 1902 brach der Turm plötzlich zusammen.

Die Kathedralenklöster des Mittelalters waren berühmt für ihr wohltätiges Wirken. An der Kathedrale von Norwich (England) beispielsweise gab der Almosenier – ein Mönch, der dafür da war, den Armen und Kranken zu helfen – jedes Jahr über 10 000 Brotlaibe als Almosen aus. Die Klosterküchen von Norwich verbrauchten jede Woche 10 000 Eier. Zwar waren die Eier im Mittelalter vermutlich viel kleiner als heute, aber die Menge ist trotzdem verblüffend!

Das Freiburger Münster, seit 1821 Bischofskirche, ist ein typisches Beispiel dafür, wie durch die lange Bauzeit verschiedene Stile eine Kathedrale prägen konnten: Baubeginn war das Jahr 1122. Das zuerst fertiggestellte Querhaus ist somit spätromanisch. Das dreischiffige Langhaus ist gotisch, der Turm hochgotisch und der 1354 bis 1536 erbaute Chor spätgotisch. Der 115 Meter hohe Turm des Freiburger Münsters ist einer der wenigen gotischen Türme Deutschlands, deren Bau noch im Mittelalter vollendet wurde.

Die Kathedrale von Lincoln in England, mit deren Bau man im Jahr 1192 begann, weist an der Nordseite ein frei stehendes zehneckiges sogenanntes Kapitelhaus auf (um 1220 erbaut). Sein Sterngewölbe ruht auf einem einzigen Mittelpfeiler. Kapitelhäuser sind eine Neuerung der Gotik in England.

Gewaltige Mengen an Baumaterial wurden bei der Errichtung einer mittelalterlichen Kathedrale benötigt. So verbrauchte man allein für den Bau einer Turmspitze an der Kathedrale von Ely (England) über 400 Tonnen Holz und Blei.

Der Bau einer Kathedrale war sehr kostspielig. Um für den Neubau des Petersdoms in Rom Geld aufzutreiben, versprach Papst Julius II. im Jahre 1506 all denen den Ablaß – das heißt die Vergebung – ihrer Sünden, die Geld für den guten Zweck spendeten.

Die Blütezeit der Kathedralenbaukunst war das 13. Jahrhundert. Allein im Jahre 1220 wurden in Europa drei Kathedralen begonnen: die von Amiens in Frankreich, die von Salisbury in England und die von Brüssel in Belgien.

Die drei großen Kaiserdome am Rhein sind der von Speyer, der von Worms und der von Mainz. Der Bau des Mainzer Doms wurde in der zweiten Hälfte des 12. Jahrhunderts begonnen und um 1220 beendet. Wie der Speyerer und der Wormser Dom ist er vom romanischen Baustil geprägt.

Der Kölner Dom wurde 1248 an der Stelle errichtet, an der seit 873 eine Kirche stand. Die Türme wurden erst im 19. Jahrhundert fertiggestellt – die Pläne der mittelalterlichen Baumeister hatten fast 400 Jahre unbeschadet überdauert.

Santa Maria del Fiore in Florenz (Italien) wurde in 140 Jahren errichtet. Baubeginn war 1296, fertiggestellt war der Dom im Jahre 1436. Für die riesige Kuppel benötigte der Architekt Brunelleschi nur 16 Jahre. Er ließ oben Gaststätten und Weinstuben einrichten, so daß die Handwerker mittags nicht die anstrengende Kletterpartie hinunter und wieder hinauf zu machen hatten.

Die erste russische Kathedrale wurde im Jahr 989 gegründet: die Sophienkathedrale in Nowgorod. 1045–1052 wurde das alte Holzgebäude durch eine Steinkathedrale ersetzt.

In England erstellte einmal ein Mönch eine ziemlich gruselige Liste von Reliquien, die in der Kathedrale von Canterbury aufbewahrt wurden, weil man sie für heilig und wundertätig hielt. Die Aufstellung begann mit dem Altar, welcher der täglichen Andacht diente; dort bewahrte „der gebenedeite Bischof Godwin in Ehrfurcht das Haupt des Hl. Swithin auf, dazu viele Reliquien anderer Heiliger". An letzter Stelle der Liste stand das Haupt „der gebenedeiten Jungfrau Austroberta".

Die St.-Paul-Kathedrale in London wurde ab 1675 von dem bedeutenden Architekten Christopher Wren erbaut. Im Jahr 1666 hatte das „Große Feuer" von London innerhalb von drei Tagen vier Fünftel der britischen Hauptstadt zerstört, unter anderem auch die alte Kathedrale.

Kathedrale des Frühmittelalters

Alter Petersdom, Rom

San Marco, Venedig

Santiago de Compostela

Toulouse

Die äußere Gestalt der Kathedralen hat sich im Laufe der Jahrhunderte stark verändert. Die Entwicklung begann mit kleinen, schlichten Gebäuden und führte schließlich zu gewaltigen Schöpfungen der Baukunst. Hier wird an einigen Beispielen gezeigt, wie sich Form, Größe und Aussehen mit der Zeit veränderten.

Die **Kathedralen des frühen Mittelalters** waren einfache Bauwerke, aus Materialien der Umgebung errichtet – Holz oder Stein. Oft wurde dem rechteckigen Gebäude ein halbrunder Chor für den Bischofsthron, die Cathedra, angefügt.

Wohlhabende Diözesen erweiterten dieses Grundmuster: Türme, ein Paradies (Vorhalle) und andere Anbauten kamen hinzu, wie die Darstellung des **Alten Petersdoms in Rom** belegt. Der Petersdom ist die Grabkirche des Apostels Petrus und die Hauptkirche des Papstes. Mit seinem Bau wurde bereits im 4. Jahrhundert begonnen, und er wurde in den darauffolgenden Jahrhunderten immer wieder ergänzt.

Andere frühe Kathedralen weisen im Baustil örtliche Besonderheiten auf. So wurde **San Marco in Venedig** im 9. Jahrhundert im byzantinischen Stil errichtet – der Baumeister nahm Formelemente auf, die er an Kathedralen des östlichen Mittelmeerraumes gesehen hatte.

Romanische Kathedralen wie **Santiago de Compostela** in Spanien und die **Kathedrale von Toulouse** in Südfrankreich (beide aus dem 11. Jahrhundert) haben den einfachen Grundriß früher Kathedralen, mächtige Pfeiler und schwere Rundbögen, die dem Gebäude Stabilität verliehen. Santiago besitzt hohe Westtürme, welche die Eingangsseite eindrucksvoll krönen.

Chartres

Notre-Dame, Paris

Reims

Canterbury

Köln

Im späten 12. und frühen 13. Jahrhundert begannen die Baumeister, mit neuen Bautechniken und Stilmitteln zu experimentieren. Die ersten gotischen Kathedralen, beispielsweise die **Kathedralen von Chartres** und **Notre-Dame in Paris** (beide in Frankreich), weisen höhere, schlankere Pfeiler und Spitzbögen auf. Die Decken sind höher und die Fenster größer als in romanischen Kathedralen; sie boten große Flächen für prachtvolle und farbenfrohe Bleiverglasungen.

Dieser gotische Stil wurde im 13. Jahrhundert weiterentwickelt – zu sehen ist dies an der **Kathedrale von Reims** (Frankreich), deren Leichtigkeit und Eleganz ein glanzvolles Beispiel für die neue Architektur bietet.

Im 14. und 15. Jahrhundert dann wurde der gotische Stil immer komplizierter, kühner und raffinierter, wie die erstaunlichen architektonischen Details der **Kathedrale von Canterbury** (England) und des **Kölner Doms** beweisen.

GLOSSAR

Ablaß: Vergebung der Sünden, von der Kirche denjenigen gewährt, die vorgeschriebene Werke vollbrachten, bestimmte Gebete sprachen oder Geld spendeten. Die Spenden dienten häufig der Unterstützung der Armen oder dem Bau einer Kathedrale. Im späten Mittelalter entstand ein regelrechter Ablaßhandel, gegen den sich auch der Reformator Martin Luther stellte.

Almosen: Geld- oder Lebensmittelspende für Arme und Kranke.

Almosenier: Ein Mann der Kirche, dessen Aufgabe es war, Almosen zu verteilen.

Altar: Ein Tisch, meist aus Stein, bedeckt mit einem reichverzierten Tuch. Dort wird der Gottesdienst vom Bischof oder einem Priester zelebriert. In Kathedralen gibt es oft mehrere Altäre, etwa in Kapellen. Der wichtigste Altar steht im Chor; er wird Hochaltar genannt. Das Allerheiligste der Kathedrale ist der Bereich um den Hochaltar.

Apsis: Halbrunde Altarnische im Osten der Kathedrale; schließt sich an den Chor an.

Arkade: Reihe von Bögen, die von Pfeilern getragen werden.

Ätzkalk: Kalziumoxid, zur Herstellung von Mörtel verwendet. Setzt Hitze frei, wenn er mit Wasser vermischt wird. Härtet schnell aus.

Byzantinisch: Das Oströmische Reich im östlichen Mittelmeerraum betreffend, das im Mittelalter eine bedeutende Macht darstellte. Die hochentwickelte byzantinische Kultur beeinflußte das Abendland. Hauptstadt des Oströmischen Reichs war das heutige Istanbul (früher Konstantinopel).

Cathedra: Das griechische Wort für „Thron" bezeichnet den Bischofsthron – daher das Wort „Kathedrale".

Chor: Im Dom der Bereich um den Hochaltar. Dort standen oder saßen die Geistlichen während der Gottesdienste, auch der Bischof.

Dachbalken: Dicke, stabile Balken, die das Sparrenwerk abstützen; die tragenden Teile der Dachkonstruktion.

Diözese: Region, in der der Bischof die kirchliche Macht innehatte und für die er verantwortlich war.

Dormitorium: Schlafsaal eines Klosters.

Fahrender Handwerker: Ein Handwerksgeselle „auf der Walz", das heißt unterwegs, um Erfahrungen zu sammeln. Er wurde tageweise oder pro Werkstück bezahlt.

Fensterrose: Auch Rosette genannt; ein riesiges rundes Fenster, mit Maßwerk gefüllt, mit bleiverglasten Scheiben in leuchtenden Farben.

Fundament: Bis auf tragfähigen Untergrund herabreichender Unterbau eines Bauwerks.

Gewölbe: Gewölbte Decke, oft mit Steinrippen verstärkt (siehe Rippengewölbe), oder mit Holzpaneelen oder Gips verkleidet. Gewölbe wurden meist mit Malereien, Reliefs und Blattgold geschmückt.

Gotik: Stilepoche der europäischen Kunst. In der Baukunst entstand der gotische Stil Mitte des 12. Jahrhunderts mit dem Bau der Abteikirche Saint-Denis in Frankreich. Man kann eine gotische Kirche am besten an ihrer leichten, hohen und gestreckten Bauweise erkennen, die sich von der vorher herrschenden Romanik (siehe dort) absetzt. In der Gotik wurde das offene Strebewerk (siehe dort) und das Maßwerk (siehe dort) entwickelt, es herrschen Spitzbogen und Rippengewölbe vor. Bekannte gotische Kathedralen sind beispielsweise die von Chartres und Reims in Frankreich und der Kölner Dom in Deutschland.

Heiliges Land: Region um die Stadt Jerusalem im heutigen Israel. Für Christen ist dieses Gebiet heilig, weil Jesus dort lebte und gekreuzigt wurde.

Kapelle: Kleiner Andachtsraum in der Kirche, meist einem Heiligen oder der Jungfrau Maria geweiht.

Kapitelsaal: Versammlungssaal im Kloster.

Maßwerk: Gliederndes Bauornament der Gotik in Stein.

Mittelschiff: Größter Raum der Kathedrale (parallel dazu verlaufen die Seitenschiffe), der sich vom Westen zum Chor im Osten erstreckt. Während der Gottesdienste stand oder kniete das einfache Volk dort.

Mörtel: Eine Mischung aus Sand, Ätzkalk und Wasser, mit der die Steine des Mauerwerks miteinander verbunden wurden. Mörtel härtet beim Trocknen aus, bröckelt aber im Laufe der Zeit und muß dann erneuert werden.

Ornat: Feierliche Amtstracht, beispielsweise eines Bischofs.

Paradies: Überdachter Eingangsbereich, Vorhalle.

Pergament: Speziell behandelte Schaf- oder Ziegenhaut, auf die im Europa des Mittelalters – vor der Erfindung des Papiers – geschrieben wurde.

Pfeiler: Eine säulenähnliche Stützkonstruktion. Außen stabilisiert er die Wände, innen trägt er das Dach.

Pigment: Farbstoff in Pulverform, aus Erden, Mineralien oder chemischen Salzen gewonnen und mit Knochenleim vermischt – so bereitete man im Mittelalter die Malfarben zu.

Quaderstein: Ein sorgfältig und glatt behauener Stein für die Fassade einer Wand oder die Außenseite eines Pfeilers.

Querschiff: Kreuzt das Mittelschiff oft dort, wo der Chor sich anschließt. So ergibt sich ein kreuzförmiger Grundriß. Der Kreuzungsbereich heißt Vierung.

Refektorium: Speisesaal eines Klosters.

Reliquien: Sterbliche Überreste von Heiligen, beispielsweise Knochen, Haare oder Kleidung. Berühmte Reliquien des Mittelalters waren auch Stücke des Kreuzes, an das Jesus geschlagen wurde, und Dornen von der Dornenkrone, die er tragen mußte. Die Reliquien selbst wurden nicht angebetet, sondern man betrachtete sie als Symbole der christlichen Botschaft, der die Heiligen ihr Leben geweiht hatten.

Reliquienschrein: Behälter für Reliquien, oft aus Gold und Silber gearbeitet und mit Edelsteinen besetzt.

Rippengewölbe: Gewölbte Decke mit verstärkenden und schmückenden Rippen aus Stein.

Romanik: Epoche der Kunst des frühen Mittelalters (um 950 bis 1250). Man kann romanische Kirchen an ihrer gedrungenen Bauweise erkennen: Bogen und Fenster sind rund, Tonnen-, Kreuzgrat- und Kreuzrippengewölbe ruhen auf mächtigen Pfeilern. Romanische Kirchen sind sehr klar gegliedert. Die auf die Romanik folgende Gotik (siehe dort) übernahm viele der romanischen Stilelemente oder entwickelte sie weiter.

Schablone: Ein Muster in Originalgröße für Ornamente in Holz oder Stein.

Schlußstein: In feiner Steinmetzarbeit verzierter Stein im Scheitelpunkt eines Kreuzrippengewölbes, dort, wo die Rippen sich kreuzen. Schlußsteine bilden oft biblische Szenen oder Blumen- und Blattornamente ab. Manche zeigen auch das Porträt eines geheimnisvollen oder dämonischen Geschöpfes.

Seitenschiff: Auf jeder Seite des Mittelschiffes verläuft parallel je ein Seitenschiff.

Strebebogen: Teil des Strebewerks (siehe dort).

Strebepfeiler: Teil des Strebewerks (siehe dort).

Strebewerk: Verspannungssystem, das in den Kirchenbauten der Gotik die Gewölbeschübe ableiten sollte. Durch Strebebogen wurden die Gewölbeschübe zu den Strebepfeilern am Außenbau der Kathedrale weitergeleitet, die sie wiederum an das Fundament weitergaben.

Turmhelm: Die hohe, schlanke Turmspitze; oft mit einem Wetterhahn oder einem Kreuz geschmückt.

Tympanon: Reich mit Steinreliefs geschmücktes Bogenfeld über einem Eingangsportal.

Vierungsturm: Ein Turm, der nach außen die Vierung der Kirche betont. Die Vierung ist der Raum, der durch die Kreuzung von Lang- und Querhaus entsteht.

Wasserspeier: Über das Mauerwerk hinausragende Enden von Regenrinnen, die verhindern, daß Regenwasser an den Außenmauern hinunterläuft. Steinmetze gestalteten sie häufig als Dämonen oder als grotesk oder lächerlich entstellte Menschenköpfe.

REGISTER

Fettgedruckte Seitenzahlen verweisen auf Abbildungen.